不会聊天，别说你懂销售

李昊轩 ◎著

天津出版传媒集团
天津科学技术出版社

图书在版编目（CIP）数据

不会聊天，别说你懂销售 / 李昊轩著. -- 天津 ：
天津科学技术出版社，2017.12
ISBN 978-7-5576-3823-8

Ⅰ. ①不… Ⅱ. ①李… Ⅲ. ①销售-方法 Ⅳ.
①F713.3

中国版本图书馆CIP数据核字(2017)第224393号

责任编辑：方　艳

天津出版传媒集团
天津科学技术出版社出版

出版人：蔡　颢
天津市西康路35号　　邮编：300051
电话（022）23332695（编辑部）
网址：www.tjkjcbs.com.cn
新华书店经销
北京天宇万达印刷有限公司印刷

开本 710×1000　1/16　印张14　字数 193 000
2017年12月第1版第1次印刷
定价：38.00元

前言

PREFACE

为什么销售同样的商品，有的销售员业绩惨淡，而有的销售员却业绩不凡?

这其中的奥秘，就在一张嘴上——销售就是沟通，好口才成就好业绩!

好口才是开启销售事业的敲门砖，是取得好业绩的重要保证。优秀的销售员都是会“说”的人。

20世纪最伟大的心灵导师和成功学大师戴尔·卡耐基曾说：“一个人的成功，约有15%取决于知识和技术，另外的85%则取决于沟通——发表自己意见的能力和激发他人热忱的能力。”

美国“超级推销大王”弗兰克·贝特格在总结自己近30年的推销生涯时说：“交易的成功，往往是口才的产物。”

良好的口才是销售成功的一把金钥匙。对销售员来说，是否具有良好的口才，往往决定了其职业前景。

要想成为一个一流的销售员，就要培养自己的销售金口才，而要想培养自己的销售金口才，就需要借鉴销售精英们的经验以及自己的刻苦努力。为此，我们编辑了此书。通过阅读本书，您不仅可以领略到阅读的乐趣，还可以了解销售心理学方面的专业知识，在轻松愉快的氛围中掌握销售技巧。

在销售过程中，每个人都会遇到计划赶不上变化的情况，这些突如其来的变化，会对你酝酿已久的计划造成破坏。当你陷入这种窘境的时候，阅读本书，你就会更加深刻地明白，如何通过高超的说话能力帮助自己随机应变，最终化险为夷，实现成交。

谨将本书献给那些正在销售第一线奋斗的朋友们！希望书中所列出的方法能真正伴随你们成长！

最后，祝大家都能实现自己的销售梦想，成为行业的销售冠军！

目录
CONTENTS

第一章
和陌生人谈生意——跟任何人都能聊得来

- 好莱坞有一句很流行的话：“成功，不在于你知道什么或做什么，而在于你认识谁。”
- 销售活动说到底就是建立人与人之间的关系。
- 销售员同客户之间的关系不应该是对立的，而应该是双赢的伙伴关系。
- 在销售过程中，销售员要像对待朋友那样对待客户，从而使彼此之间的关系更融洽。

克服自卑，主动去搭讪

“搭讪”是销售员和陌生客户建立“信息桥梁”的基本途径。但在现实中，有很多经验不足的新人还没进入正题就会摔倒在起跑线上。因为他们在直接面对客户，与其进行交流时多表现得坐立不安、手足无措、语无伦次。为什么平时谈笑风生的人，一旦与客户交谈起来，就变成了这副模样呢？这其实是他们的自卑心理在作祟，他们在内心深处认为销售是一个卑微的行业，是一项很没面子的工作。这样一来，销售新人在客户面前就会自觉低人一等，过于谦卑。

其实，这是对销售工作的误解。销售与其他工作一样，只是具体工作内容不同。销售员不是把产品或服务强加给别人，而是在帮助客户解决问题。要知道，在你的领域里，你是专家，是顾问。你和客户是平等的，甚至比他们懂得更多些，因为你更懂得如何来帮助他们解决问题，所以你根本没必要在客户面前低三下四。你越自信，客户才会越信赖你。

有一名销售新人向一位客户推销电脑，其间不断讨好对方，这让客户十分反感。客户看了看电脑，觉得质量不错，但最终并未购买。客户说：“你用不着这样谦卑，你推销的是你的产品，而不是同情。你这样不自信，谁还会信任你，买你的东西呢？”

可见，低三下四的销售姿态，不仅会使商品贬值，还会使自己企业的声誉和自己的人格贬值。作为一名刚刚涉足销售行业的新人来讲，不管面对什么样的客户，都不要认为销售是一种丢面子的工作。你应该保持不卑不亢的态度，至少应该与客户平等相待。只有这样，才能从根本上赢得客户。

对销售员来讲，自卑心理是致命的。假如你觉得客户是“上帝”，自己是找“上帝”要钱的“子民”，那么见到“上帝”后就会心里打鼓，不是心惊肉跳，就是过分热情，甚至会谄媚、拍马屁，而此时的“上帝”会怎么想呢？——“肯定是个没有实力的公司，销售员一点底气都没有。”“来骗钱的吧？不然为什么那么慌张？”“既然是有求于我，这次我可要好好宰他一刀了！”……这样，即使业务会继续进行，最后的结果也往往是被客户控制局面，销售员处处被动。

孙小姐大学毕业后便到某大型食品公司当了一名销售员，经过短短一个星期的培训，就被派到北京当理货员。

我们经常看见超市的货架大都摆得整整齐齐，那些热销、便宜的商品通常被放在最显眼的位置，而这就是理货员的功劳。靠近门口的货架，多层货架上接近视平线的那几层，店堂里位置显眼的货架，全都是像孙小姐这样的理货员争抢的对象。货架位置越显眼，种类越繁多，摆得越有条理，就越容易激发消费者的购买欲望。销量提高了，超市才会多进你的货，才愿意让你的产品长期放在最显眼的位置——而这正是理货员工作的意义所在。

孙小姐第一次走进街边一家很小的便利店时，面对柜台前女店员冷冷的面孔，她犹豫了半天才最终鼓起勇气来到她面前，低声说：“你好，我是××食品公司的。”女店员抬起头，瞪了她一眼问：“什么事？”“我，我来看一下我们公司的……”“有什么好看的！”没等孙小姐说完，女店员就很不礼貌地打断了她的话。

孙小姐的脸一下子红了，但是为了完成工作，她不得不又一次开口说：“你们的货架有些凌乱，商品的种类比较少，如果多进一点我们的商品，对你们也有好处……”但她一直说了10分钟，女店员始终没有认真听，这让孙小姐感到羞愧难当。在离开的时候，孙小姐甚至想：我怎么说也是大学毕业生，凭什么要干这种没面子的工作？

当她在电话里把这种想法告诉公司经理时，经理的一番话启发了她："销售不是一种卑微的工作，销售员与其他人一样，都是用自己的努力实现自我价值。你千万不要灰心丧气，只要坚持下来，肯定会有突出的业绩。"

孙小姐经过仔细琢磨，觉得经理的话非常正确。从那以后，孙小姐每周都要光顾那家小超市几次，时间久了，那个难缠的女店员竟然与孙小姐成了老朋友，自然会把店里的情况如实告诉给孙小姐。这样，半年过去了，在孙小姐负责的那片区域里，20多家超市中的"黄金段"货架上摆满了孙小姐所在公司的产品。

对于销售员来说，不管是高层的销售经理，还是底层的业务代表，其所从事的销售工作，都有着深刻的意义。因此，在面对客户时，为了克服潜意识里的自卑心态，我们可以从以下方面入手。

1. 相信自己

在销售事业中，相信自己意味着不仅相信自己的办事能力，还相信自己选择销售事业的正确性，相信自己的工作能够给每一个人带来健康、财富，相信自己是在和朋友们分享产品、爱心。只要树立了这种职业的自信心与自豪感，你自然会勇敢地走向客户。

2. 心情放松

我们都知道，不愉快的情绪会带给对方不愉快的印象。因此，在和陌生人会面时，一定要抛开不顺心的事，想一些让自己高兴的事，让心情舒畅起来，把一个快乐的你呈现在客户面前。

3. 神态自然

凡事欲速则不达，做什么都要掌握一个度。所以，在初次会面时，不要把得失看得太重。只要能与对方建立良好的关系，就能争取到再次见面的机会。

4. 说话要清晰自然

“言为心声”，适中的声音更能增添你说话的自信与魅力。销售员在与客户见面时，说话要自然，表达要流畅，发音要清晰，避免声音过小。

5. 看淡得失

“欲速则不达”，急于求成往往会使自己窘态毕现，无法发挥应有的水平。因此，销售员在面对客户时，不要刻意要求自己一定要做得多么好。只要提前充分准备，该做的都做了，然后顺其自然就可以了。古人说“无欲则刚”，不必要的欲望和顾虑少一些，事情反而会办得更顺利。

总之，在多数情况下，销售员会被客户拒绝，原因可能有很多，属于销售员主观原因的，最基本的就是自己的心理障碍，尤其是自卑、恐惧的心理。所以，克服自卑，消除恐惧，有助于你练就更好的销售内功。

利用好见面后的瞬间印象

心理学家经研究发现，人们的看法常常受到“晕轮效应”与“首因效应”的影响。“晕轮效应”指人们总是习惯因一件事或对人的某一部分成见而影响对那个人的整体看法。如果碰到一位衣冠不整、形象邋遢的销售员，客户就会本能地认为他办事马虎。而“首因效应”指初次见面形成第一印象后，由于心理定式及晕轮效应的作用，第一印象会在大脑里保持很长一段时间。

一个衣着随意的业务员到一家公司推销精密仪器，这家公司的老板只与他谈了一小会儿，就将他打发走了。业务员走后，老板对他的员工说：“一个业务人员在约见客户时，连自己的形象都不打理好，我又如何相信他所推销的精密仪器能够正常运转呢？”此后，那位业务员再试图向这家公司推销产品时，公司老板都没有再见他——尽管他已经改变了邋遢的衣着。

通常情况下，客户见到你后，30秒内便会对你形成第一印象。在这半分钟内，如果他愿意与你沟通，那么你的推销工作将会比较顺利；如果这30秒内并没有引起客户对你的赏识，那么你此后的工作就要困难很多。

我们平时路过一些饭店时，如果发现某家饭店的服务员待客有礼、衣着得体，往往就容易产生去这家饭店用餐的兴趣；相反，如果你发现某家饭店的服务员不注重卫生，衣服油污，甚至手都没洗干净，要是这样一个服务员过来请你点菜，相信你的食欲也会顿减，甚至会离开这家饭店。其实在销售中，道理也是一样的。为了给客户留下良好的第一印象，销售员要注意以下几点。

1. 礼节

礼节在推销业务中非常关键。一个人的长相有美丑之分，这是先天的，但销售员可以通过后天学习的礼仪提升个人魅力。正常情况下，客户都喜欢与懂礼貌、讲礼仪的销售员合作。

讲究礼节的基本原则是真诚、热情、自信、谦虚。如果我们能围绕这几个方面去处理事情，就能收到良好的效果。

2. 服饰

销售员着装的基本要求是干净整洁，既要符合时尚美感，又要恰当地体现个人的风采。干净整洁、搭配协调，适合自己的着装，会使你在举止之间流露出自然的美感和迷人的魅力。

日本推销界流行一句话："你若想要成为第一流的销售员，就应该先从仪表修饰做起，用整洁得体的服饰来装扮自己。"具体来说，销售员的着装一定要符合自身的性格、身份、年龄、性别、环境以及风俗习惯，不要佩戴过多的饰物。如果在穿戴方面过于引人注意，效果反而会适得其反。

3. 言谈举止

销售员与客户说话时，态度要谦逊有礼，要让客户觉得你很有教养。但有一些问题是你必须避免的，比如说话速度太快、吐字不清、语言粗俗、态度不冷不热，爱批评、说大话、撒谎，油腔滑调、沉默寡言，太随便、与客户勾肩搭背、死缠烂打，抓耳挠腮、耸肩、吐舌、舔嘴唇、脚不住地抖动，不停地看表、皮笑肉不笑，东张西望、慌慌张张，等等。

微笑是最美的语言

美国希尔顿旅馆董事长康纳·希尔顿常问属下一句话：“你今天对客户微笑了没有？”他确信微笑将有助于希尔顿旅馆世界性的大发展。因此，他要求属下记住一条：“无论旅馆本身遭遇何种变故，希尔顿旅馆服务员脸上的微笑，永远是属于旅客的阳光。”秉持这一经营理念，希尔顿旅馆以微笑服务著称于世。也正是凭借这一独一无二的优势，当1930年经济大萧条来临时，在全美国的旅馆倒闭了80%的情况下，希尔顿旅馆的服务人员脸上带着微笑度过了这个艰难时期，最终发展成为声震全球的大旅馆。

微笑是世界上最美的行为语言，也是人际关系中最佳的润滑剂。纵观历史，在任何时代、任何地区、任何民族中，微笑都是表示友好意愿的信号。总而言之，对于销售员而言，请不要吝啬你的笑容，它既是打开人与人之间关系坚冰的最佳手段，也是给人留下好印象的开端。只要你坚持微笑的表情，即使理由不充分也会得到客户的好感。

在一次大型的汽艇展示活动中，很多客户都在参观汽艇模型。在这次展会中，有一位异国的石油富翁对一艘大船表现出了很大的兴趣，他对那艘船的销售员说：“这艘船多少钱？”那位销售员冷冷地告知了其价格。富翁虽然对这艘船很感兴趣，但是看着销售员“平静”的脸，他悻悻地走开了。

当他走到下一艘展示船面前时，对面的销售员热情极了，脸上挂着灿烂的微笑向他打招呼。销售员脸上一直保持的微笑使得富翁顿时轻松了许多，于是他再次问了一句："这艘船多少钱？"

销售员仍然面带阳光般的微笑告知了客户船的具体价格，并且说："请您先参观一下这艘船。"就这么简单，销售员先用微笑打动了客户，然后再推销自己的产品。富翁参观了游艇后，满意地签下了一张订购单，并且很开心地对销售员说，他很喜欢别人时刻微笑的样子，因为别人向他微笑就表示他被人们所喜欢，而他也很享受这种感觉。

世界上最伟大的推销员乔·吉拉德曾说过："当你微笑时，整个世界都在笑；当你一脸苦相时，整个世界也会抛弃你。"

事实上，你的客户也希望和积极的、拥有自信的销售员打交道。只有你露出自信的微笑，客户的心情才能放松，这样你们之间的距离才能拉近，客户才愿意与你进一步交谈，合作才有可能达成。

微笑对于一名销售员至关重要，就算你的笑脸不那么迷人也不要紧，要大胆地笑，这种自然、真诚、纯净的笑容最能动人心扉。

富兰克林·贝特格是圣路易红雀棒球队的三垒手，退役以后成了全美国最成功的保险推销人士之一。他说，他好多年前就发现，一个面带微笑的人永远受欢迎。因此，在进入别人的办公室之前，他总是停下来片刻，绽开一个大大的、宽阔的、真诚的微笑，然后再走进去。他之所以推销保险如此成功，与微笑有很大的关系。

微笑是与客户交流、交往的利器。亲切的微笑会让客户有宾至如归的感觉，真诚的微笑能够让客户温暖如春，这些对客户来说甚至比商品本身更具有吸引力。微笑拥有如此多的好处，但有人或许会说"时刻保持微笑对我来说太难了"，其实，想要拥有迷人的微笑也很简单。或许我们都听说过外语培训、计算机培训，其实微笑也是可以培训的。每天集中10分钟时间，只想令你开心的事情，坚持下去，你会发现迷人的微笑已经停驻在你的脸上了。

显而易见，要让自己拥有发自内心的微笑，唯一的方法就是让自己保持心情愉快。如果你的心情很糟，没办法微笑，那么就要强迫自己微笑起来。

那么，微笑时要注意些什么呢？

1. 微笑要热情

老话说“和气生财”，和气最外在的表现就是微笑，这在一定程度上表明了微笑的重要性。有调查显示，在成功的销售案例中，95%以上都是因为销售员在工作中待人和气、友善。相反，如果以低落的情绪应对工作，就会如同失水的蔬菜，毫无生机可言。

不可否认，每个人都会遇到不顺心的事，不会天天心情愉快。销售员如果想取得销售的成功，就必须要学会控制自己的情绪，学会分解和淡化自己遇到的烦恼与不快。在工作中要时刻保持一种轻松的情绪，一种热情的活力。

2. 微笑要自然

微笑要自然、真诚，如果过头了，客户不仅看不到你的真诚，反而会觉得你傻乎乎的。销售员要让自己的微笑发自内心，只有这样，浮现出的才是一个真诚的、舒适的微笑，否则皮笑肉不笑，不仅你自己觉得不自然，客户也会心生厌倦。

3. 让你的微笑给人以快乐

不可否认，生活在当今这个快节奏、竞争激烈的时代的每个人，常常会感到压抑和烦恼。如果你的客户正处在这一不良情绪中，又面对满面愁容的你，怎么能促使交易成功呢？所以，在推销过程中，销售员的微笑就是最好的产品。你介绍给客户的产品可能只能满足他的生活需要，而你真诚的微笑则会带给客户温暖，让客户感受到精神上的愉悦。

尊重并记住客户的名字

试想，当你拿起一张包括你在内的团体照片时，你先看谁呢？毫无疑问，一定先看自己。当联考放榜时，你先找谁的姓名呢？不用说，当然先找自己的名字。每当我们到风景区游览时，经常会发现有人在石头或树木上刻名留念。为什么他们会有这种幼稚的举动呢？因为他们希望别人知道他们。

由于人类最关心的是自己，所以连带非常关心自己的姓名。假如你能够尊重并牢记别人的姓名，这对对方来说是一种莫大的尊重，这不但有利于你建立良好的人际关系，而且对销售业务的拓展也大有帮助。

列文拜访过一位客户，这位客户的名字特别难记，叫阿里克谢·亚历山大洛维奇·卡列宁。由于这个名字太难记，别人都管他叫“卡列宁”。列文说：“在我去拜访他之前，我特别用心记住了他的名字。当我见到他，并用全称和他打招呼，对他说‘早上好，阿里克谢·亚历山大洛维奇·卡列宁先生’时，他一言不发地待在那里，好几分钟都没有缓过神来。最后，他的泪水流了出来，颤抖着对我说，‘列文先生，我在这个国家已经待了15年了，可是从来就没有一个人像你这样用我的全名来称呼我！’”

在生活中，我们常有这样的感受：路遇多年前的老师、领导、同事，如果刚见面对方就叫出自己的名字，我们的心中难免会有几分窃喜，感到自己被人尊重；久未谋面的同学、朋友偶然相见，彼此能叫出对方的名字，一种久违的亲切感会穿越时空，温暖心田；当你走在陌生人群中，突然听到有人呼唤你的名字，是什么感受？兴奋！假如这个能叫出你名字的人是曾经向你推销过某种商品的人，这丝毫不影响你的愉快情绪，只能加深你对他的印象。这种推销技巧被人们称作“记名推销法则”。

“王姐，您今天有时间可以来我们店里看看，您上次提到的那款沙发到货了，您实地看看效果如何？”——想必电话那端的王姐听到销售员这么称呼自己，心里肯定美滋滋的。

“哦，您是上次合作过的王经理吧？您打电话过来有什么需要，尽管说！”——想必电话那端的王经理听到对方在电话里就能听出自己来，心里一定很高兴。

因此，记住客户的姓名，再次见面时叫出对方的名字是销售员获得客户好感的最简单的方式。

原本对钢铁行业一窍不通的安德鲁·卡内基最终成为举世闻名的钢铁大王，他成功的秘诀之一就是极为尊重别人的姓名。

卡内基10岁时，无意间得到了一只母兔子，不久，母兔就生下了一窝小兔子。可是，他没有足够的零用钱买饲料来喂这一窝小兔子。于是，他想出一个点子。他唤来小朋友们，告诉他们只要肯拿食物来，他将用他们的名字为小兔子命名。

小朋友们听了，立刻踊跃提供食物。这件童年时期发生的小事给了卡内基极深刻的启示：人们非常在乎自己的姓名。

成功开启了自己的事业后，卡内基有一次为了竞标太平洋铁路公司的卧车合约，与竞争者布尔门铁路公司针锋相对。双方为了中标而发生大火拼，都不断削价，事实上双方均已到了无利可图的地步。

一天，卡内基与布尔门又一次到纽约去见太平洋铁路公司的董事长，他们碰巧在饭店门口巧遇。

“我们这不是在为难自己吗？”卡内基对布尔门说。

布尔门有些尴尬地问：“你这么说是什么意思？”

卡内基向布尔门陈述了现在这样恶性竞争的危害，并提议携手合作。布尔门认为卡内基的话也是实情，可是因为两者的竞争关系仍旧无法接受卡内基的提议。

布尔门最终问：“假如我们合作，新公司取什么名称好呢？”

卡内基想起童年养兔的往事，断然回答说：“当然要取‘布尔门卧车公司’啦！”

布尔门听后，顿时双眼发亮，两个人很快就达成了合作协议。

还有一次，卡内基在美国宾夕法尼亚州匹兹堡建了一家钢铁厂，专门生产铁轨。当时，美国宾夕法尼亚铁路公司是铁轨的大客户，该铁路公司的董事长叫汤姆生。卡内基又想起兔子的事，于是，他就把新建的钢铁厂命名为“汤姆生钢铁厂”。

卡内基这一套“尊重别人姓名”的本事，使他无往不利，生意兴隆，最后建立起了他的钢铁王国。

杰姆10岁丧父，连小学都没读完，但他在46岁时，获得四所大学的荣誉学位，并担任美国邮务部部长。

杰姆成功的秘诀是能牢记5万个人的姓名。这套特异本领，甚至为富兰克林·罗斯福入主白宫提供了帮助。他的所作所为给政治人物上了最宝贵的一课——选举要得胜，必须牢记选民的姓名。

了解尊重别人姓名的价值后，我们要设法牢记别人的姓名。

拿破仑三世曾自豪地说：“尽管我每天需要接触很多人，但是我仍然能记住每一个我所遇见过的人的名字。”他是怎样做到这一点的呢？事情很简单。如果他没听清来人的名字，他就会说：“请原谅，我还没完全听清你的名字。”如果名字特殊，他就问：“听你的名字，你来自英国吗？”在谈话期间，他也总会热情地称呼对方的名字，这样他就把谈话者的名字同其本人的面部特征和整个外表联系起来，利于记忆。而且，当遇到某些生僻名字的时候，他总是会在对方转身或不留意时就在纸上写下对方的名字，以加强记忆。就这样，他努力通过视觉和听觉记住了更多人的名字。

在人际交往中，记住别人的名字是对他人最大的尊重。这样做，一方面出于礼节礼貌，表示尊重；另一方面又是珍视友谊的表现。从一定意义上说，记住姓名是一种廉价而有效的感情投资。记住他人的姓名就等于把一份友谊深藏在心里。记忆时间越久，情谊就越深，如同一瓶陈年好酒，越放就越醇。

我们常听人说：“我就是记性很差，老是记不住别人的姓名。”或是说：“我的记忆力不好，因此人跟名字总是对不起来。”不要总是告诉自己你记不住别人的名字，也不要抱怨自己记忆力不好，一味地抱怨只会让你懒得去记别人的名字，而不是记不住。要牢记人名，可参考以下方法。

1. 仔细听

要在内心里把记别人姓名当成重要的事情去做。每当认识新朋友时，一方面要用心注意听，另一方面要牢牢记住。若听不清对方的名字，请立刻再问一次，切不可主观臆断，如明明人家姓“柳”，你却记成了姓“刘”，这肯定会对沟通造成不利影响，甚至会激怒对方。

2. 用笔记

别盲目信任自己的记忆力，在取得对方名片之后，必须把他的特征、嗜好、专长、生日等写在名片背面，以帮助记忆。当然，若能配合照片另制资料卡，就更理想了。经常翻看你的客户档案，并在日后做好跟进记录，这样一来，你就会渐渐熟悉这些客户，并牢记他们的名字。

3. 重复是记忆之母

在与客户的初次谈话中，应故意多叫几次对方的大名。如果对方的姓名很少见或很奇特，不妨请教其写法与姓名的来历。别人会很乐意听到你提出这样的问题。

4. 忘了名字要想法补救

我们有时会发现某人看起来很面熟，但就是想不起叫什么名字，那就应想办法搞清楚。当然,你可以老实地承认："不好意思，我想不起你的名字。"然而，你也可以尝试掩饰你的健忘，如："我当然认识你是谁，但我需要了解你更多信息，给我张名片吧。"

与此同时，你要想到别人也可能忘记了你的名字，这时可不要恼火。当你跟某人打招呼的时候，不妨把自己的名字重新介绍一次："嗨，××，我是×××啊。"注意说自己名字的时候要慢一点、清晰一点，以方便对方记忆。

学会聆听客户的陈述

很多销售员急于推销商品，常常把对方讲的话都当成耳边风，而且总是迫不及待地在交谈中问问题，或打断对方的话，或陈述自己的观点，这些都是不适当的。欲速则不达，要想使交易成功，客户滔滔不绝地讲话是达成交易的有利时机，你应该为此高兴，立刻提起精神去积极地倾听。

乔·吉拉德是一位著名的汽车推销专家，他的推销经验十分丰富。一次，吉拉德向当地一位知名的企业家推销他的产品。他像往常一样给客户做了最详细的产品介绍，并推荐了几款最好的车型。原本以为交易会很顺利，结果对方却推说考虑考虑，这令吉拉德感到百思不解。

当天晚上，吉拉德反复琢磨问题出在哪儿，可是总也得不到合理的答案，于是，他拨通了那位客户的电话，说："先生，您今天有满意的车型吗？"

"是的，有。"那位先生说。

"但是您为什么走了呢？"吉拉德问道。

"你开玩笑吗？现在已经很晚了。"对方有点不耐烦。

"哦，非常抱歉。但是您可以说一下原因吗？对于一个失败的销售员来说，这是很有意义的。"

"真的吗？"

"绝对！"

“好，你在听吗？”

“非常专心！”

“但是中午的时候，你并没有专心。”那个人继续说。原来他是打算要买下来的，因为这个车整体来说是符合他的要求的，也没有什么别的问题，但是在最后一秒钟他迟疑了，因为他发现吉拉德对他所讲的话并没有多大的兴趣，他讲什么吉拉德根本没有用心听。这就是他扬长而去的原因。吉拉德回忆了一下，事实确实如此，当时他的心思全在另一位销售员所讲的很有趣的笑话上了。

显而易见，只有善于倾听才会赢得客户的信任，用心地聆听客户说话，对销售员实现成功销售是有很多益处的。销售员应该学会聆听客户说话，认真地听，很有兴致地听，积极迎合地听，听懂客户的话，弄明白客户的心理，这样才会有的放矢，找到客户的心理突破口。

销售员不仅要学会聆听，还应该引导客户说，鼓励客户多说自己的事情。通常谈论他最感兴趣的话题是通往其内心的最佳捷径。销售员可以从聆听中获得对销售最有用的信息，了解到客户的真实想法和内心需求。

据一项权威的调查显示，在最优秀的销售员中，有高达75%的人在心理测验中被定义成内向的人，他们行事低调、为人随和，能够以客户为中心。他们十分愿意了解客户的想法和感觉，喜欢坐下来听客户谈话，对倾听的兴趣往往比自我表述更大，而这些正是他们赢得客户的秘诀。

销售员：“史密斯先生，经过我们的核算，我发现贵公司办公设备的维修费用比承包给我们来做的费用要高，您觉得不是吗？”

史密斯：“这个问题我们确实注意到了，你们的报价确实很有吸引力，可是你们缺乏这方面的资质……”

销售员：“哦，对不起，史密斯先生，我能插一句吗？虽然我们资质不够，但是我们已经为多家公司服务了……”

史密斯：“是的，这我也有所耳闻，不过我的意思是……”

销售员：“您的意思我明白，关于报价方面我们还是可以给您更大幅度的优惠的。”

史密斯：“你还是没有搞清楚我的意思，现在我们这里负责维修工作的伙计很称职……”

销售员：“史密斯先生，请您停一下，如果您因为一个称职的员工而造成开支的扩大，这……”

史密斯：“我认为，你可以离开了。”

卡尔·卢杰斯为了改进人们之间的沟通，曾提倡“积极地倾听”。积极主动地倾听对方讲话，掌握对方的实际需求才是倾听的关键。因此，倾听应该遵循如下一些原则。

1. 抛弃先入为主的观念

只有抛弃那些先入为主的观念，才能耐心地倾听客户的讲话，正确理解对方话语中所传递的信息，准确地把握对方话语的核心，客观和公正地听取、接受对方的疑惑与不满。

2. 认真倾听

在聆听的时候，销售员要面向客户，身体前倾，把目光集中在客户的脸、嘴巴和眼睛上，让客户感觉你会记住他所说的每一句话、每一个字。对客户的讲话表示出极大的兴趣，不仅是对客户的尊敬，还能够用你的专注感染客户，从而对你诉说更多，使彼此的谈话由表面的寒暄升级到真心的交流。

3. 要客观理解对方的话

在聆听时，销售员对客户的观点和想法不要急于下结论，而要等到客户说完后再发表自己的意见。在倾听的时候，要偶尔发出一点声音，以表达自己的观点，如“嗯”“哦”等。使用这些词语，一般表示销售员对客户所讲的话已经有所了解，或者表示同意客户的看法。即使你对客户的观点表示不赞成，也要尽力控制自己的情绪，不要激动，更不能发怒，而要努力找出你的产品或服务能带给客户更多的好处，以此来说服客户。

4. 不要随意打断客户的话

优秀的销售员总是先让客户把话讲完，然后再做说明。不管客户说什么，是对还是错，都不要轻易打断他们的话。而且，销售员在听完客户的需求后，才能够依照客户的表述来决定该说什么和怎么说，该做什么和怎么做。

5. 有鉴别地去倾听

对销售员而言，不擅长分析就无法鉴别出客户所说的信息的言外之意。例如，“太贵了”这句话几乎是每一位客户的口头禅，言外之意就是“我不想出这个价”，而不是“我没有那么多钱”。如果不能辨别其背后的真正含义，往往就会把客户的借口当成反对意见而加以反驳，从而很容易激怒客户，同时也让客户找到了为自己进行辩护的借口，也就会在无形中增加销售的阻力。

6. 站在客户的立场上想问题

客户的诉说是有理由的，他不会不着边际地挑刺，关键问题就是销售员如何理解客户的诉说。销售员应该从客户的诉说中找到对方的隐情，以便采取有针对性的推销方法。

总之，在推销过程中要多“听”客户谈他们的理想、需求以及他们高兴或者不高兴的事情，在听的基础上把这些信息迅速整合，发掘出客户没有表达出来的想法，然后给予补充或者采取一些补救措施，这样推销的效果会变得更好。

不要轻视任何一位客户

日本的推销之神原一平说过：“永远不要歧视任何人。”

顾客就是上帝，这一点对于每一个销售员来说都不陌生。销售员要和形形色色的人打交道，其中有让你获利不小的大客户，也有让你甚至还要赔上一点的小客户，但无论是哪一种客户，你都应尊敬你的“上帝”。不论他们是小企业还是大公司，是潜在客户还是准客户，都要一视同仁、平等相待，这是销售员最起码的礼貌，也是最基本的素养。

从心理学上讲，每个人都渴望自己靓丽而又有光彩，成为众人眼中的焦点，受到别人的重视，这是人类的普遍心理。因此，销售员在面对每一位顾客时要尽量表现出你的关注，这将非常有利于你拉近与客户之间的距离，快速打破对方的心理防线，了解对方的意图，这样，产品成交的可能性就会大大提高。

推销大师汤姆·霍普金斯在工作中总会用他最大的热情接待他遇见的每一个客户，永远都不会因为客户的差异而表现出不同的热情。这是因为在他的职业生涯初期发生的一件事，留给了他深刻的印象。

一天，霍普金斯正坐在办公室里，他的同事史密斯望着窗外对霍普金斯说：“哎呀，那天来捣乱的那对老夫妇又来了，一会儿我可不要再去花时间陪他们了，我劝你也不要在他们身上浪费时间，据我观察，他们绝对没有购房的经济实力。”话音未落，一辆破旧的车子就在办公室窗前的停车位停了下来，一对衣着朴实的老年夫妇从车上下来，走进办公室。史密斯轻轻地站起来，假装出去办事，离开了。霍普金斯热情地接待了他们，在了解了他们的需求后，建议他们可以去实地看看房子。这对老夫妇很高兴地接受了这个建议。

当霍普金斯带着他们到那所代售的房子参观时，他从这对老夫妇的眼里甚至看到一种敬畏的眼神，他们似乎彻底被这栋房屋内部气派典雅的装修征服了，他们在房子里3.5米高的镂空顶棚下驻足观察了很久，很明显，他们从未走进过如此豪华的房子。霍普金斯也很高兴，他想虽然这对夫妇或许买不起这栋房子，但是因为自己一个如此寻常的举动就能让这对老夫妇如此高兴也是值得的。

在看完房子宽大的厨房之后，那位老先生高兴地对他的妻子说：“亲爱的，竟然有这么大的厨房呢，以后就算亲戚朋友们都来这聚会也不怕了。”他接着转过身对霍普金斯说：“谢谢你，我的小伙子，我们夫妻俩几十年来，一直就梦想着能拥有一栋这样的房子。现在，我们能再耽误你一点儿时间，能让我和老伴私下谈一下吗？”

“当然可以，你们聊！”霍普金斯很礼貌地走进了隔壁，并随手关上了房门。

5分钟后，那位女士把霍普金斯喊出来，说：“先生，我们决定购买了。”随后他们开始从随身携带的那个纸袋里拿出一沓沓的钞票摆放在桌子上。

原来，这位先生多年来一直在达拉斯一家旅馆担任服务生领班，妻子也在这家旅馆担任清洁工，多年来他们省吃俭用，直到现在他们知道自己积攒的钱足够支付眼前这所让人满意的房子了，他们才最终下定决心。

霍普金斯是幸运的，因为他没有像同事史密斯那样慢待这对老夫妇，否则，他也将失去这单生意。

因此，销售员要谨记：客户需要你对他的重视。面对冷遇，任何一个客户都会选择离开。所以，销售员在接待客户时一定要真诚为其服务，把“顾客就是上帝”真正落到实处，只有让客户受到前所未有的重视，满足客户的自尊感，你才能进一步赢得他们的心。

对销售员而言，客户无所谓贵贱，他们都是你销售产品的潜在购买者。杰出的销售员对推着割草机割草的工人和制造割草机机器的总裁都会一样地尊敬。

在国内，曾有一个非常有成就的企业老总说：“每次我和老婆想购置新的房产时，我们都会穿着相对廉价的衣服，开着10年前的那辆旧车去房展会看房子。”

这位老总之所以这么做，是因为他们在做房产投资之初，也曾像平时一样，穿着名贵的时装开着豪车，但他们一进展会就被售楼人员团团围住，显然，他们炫丽的装束直白地告诉所有人他们很有钱，这些售楼人员便缠着向他们推销房子，使他们不胜其烦。所以，第二天他们便换上了休闲服，开着10年前那辆老汽车再来房展会看房子，结果情况截然相反，这次竟然没有一个人理他们。他说：“这样才能真正看出问题之所在，试想一个公司的销售部门都如此势利眼，其开发的小区品质可见一斑，这样的房子我是不会选择的。”

乔·吉拉德也说过：“我们的客户也是有血有肉的人，也是一样有感情的，他也有受到尊重的需要。因此，销售员如果一心只想着自己增加销售额，赚取销售利润，而对那些你眼中所谓的小人物爱搭不理，冷淡对待，那么你就很有可能错失真正的大主顾了。”

可见，销售员对待客户要一视同仁、平等对待，不能以貌取人，无论最终交易是否成功，都要拿出你的热心，为到访的每一位客户提供最优质的服务，这不只是一种姿态，更是一种做人的品格。

借助第三方，轻松约见新客户

在初次拜访客户的时候，销售员如果直接冒昧地去接近，其效果往往不会太好。如果能在客户面前提一提你们都认识的人，说明这次拜访是通过熟人介绍来的，或者提一下客户的朋友、亲戚或是某个公众名人，就可以相对容易地接近客户。因为在一般情况下，客户借助第三方的面子，可以消除对你的戒备，从而愿意跟你沟通。

某软件公司的业务人员小王给某大型物流公司老总打电话，说他们有一套当下最新推出的物流管理软件系统，希望见面演示一下。老总简单了解了产品的大致功能及价格后，因为目前企业应用的管理系统运行良好，就想直接拒绝，但小王接着说："您同行业中的某某企业（行业龙头）前段时间也采购了我们的管理系统，效果很理想。所以我认为这个系统还是挺适合您的企业的，这样也有利于您的企业在行业中保持竞争优势，您说是吗？"

这位老总听后，停顿了一下，便说："如果这样的话，那你就过来吧，我们可以沟通一下。"

于是，本来可能没有希望的约见成了可能。小王后来通过出色的演示与讲解，与客户签下了订单。

那么，我们在约见客户时，应该如何借助第三方的力量来约见客户呢？

1. 客户的人际网络

客户不是一个孤立的点，而是他所处人际网络中的一个结点。你如果觉得直接约见客户不容易实现，那么可以约客户人际圈中的某一个人。比如，你发现认识客户的一位朋友，那么，你可以通过这位朋友的介绍，成功地与客户约见。或许作为陌生人，客户可以不留情面地拒绝你，但对于朋友介绍的人，客户一般还是会接见的。

2. 权威效应

你在约见客户时，打算为客户提供什么样的产品或服务，有没有一些社会名人使用过你的产品，或一些知名专家赞扬过你的产品？如果有，你在邀约客户时，就可以搬出名人或权威专家，这样可以抬高产品的身价，让客户感觉同你见面是必要的、重要的、值得的。

3. 巧妙借助第三方

当我们需要借助第三方的力量约见客户时，也要区分时机，不要与客户一打电话就说“某某是你的朋友，我认识他，咱们见个面吧”等，这样会使客户缺乏心理准备，甚至会引起客户的反感。借助第三方要自然，我们可以先与客户有个简单的沟通，使彼此有个大致了解，然后再说约见的事情，比如“我的一个客户某某说，他和您是朋友。他说用了我们的产品，感觉不错，后来得知我准备和您联系，便让我打您这个电话。不知您这位朋友有没有和您提起过我？我也知道您平时挺忙的，所以不会耽误您太多的时间，您看咱们明天上午10：00见个面好吗？我带上样品，给您详细介绍一下。”一般而言，这样的说辞，客户是难以拒绝的，也是便于接受的。

总之，在约见客户时，销售员应当先用心研究客户的人际关系网，从而找到能为己所用的第三方。如果能够借助第三方，就会轻松约到客户。

第二章

初次联系——用开场白激发客户的兴趣

- 与客户第一次相见时，给客户留下的第一印象非常重要，甚至会起到决定性作用。
- 在见到客户时如何巧妙开场，一下子就让客户对销售员产生好感，进而对销售员的推销也产生兴趣，对销售员来说是非常重要的。

和陌生客户说的第一句话一定要好听

初次见面的第一句话，是留给对方的第一印象，它总是最鲜明、最牢固地影响着人与人之间的交流。尤其是面对陌生客户，一旦把开场白搞砸了，你就永远没有“路遥知马力，日久见人心”的机会了。

事实上，好的开场白绝对是销售成功的一半。对于销售员而言，和陌生客户的第一句话一定要扣人心弦。

乔·格兰德尔是20世纪60年代美国一位非常成功的销售员，他有个非常有趣的绰号，叫作“花招先生”。他在拜访客户时，会把一个3分钟的蛋形计时器放在桌上，然后说：“请您给我3分钟，3分钟一过，如果您不要，我就离开。”

除了蛋形计时器，他还会利用闹钟、20美元面额的钞票及各式各样的花招，让他有足够的时间让客户静静地坐着听他讲话，并对他所卖的产品产生兴趣。

除了利用这些器物使他的开场白独特之外，他还会在语言上下功夫。比如，他会这样发问：“×先生，您知道世界上最懒的东西是什么吗？”客户摇摇头，表示猜不准。“就是您收藏起来不花的钞票，它们本来可以用来购买更多的产品，让您的生活更加方便，而您却让它们躺在银行的保险柜里，它们一直都在偷懒。”

这样的开场白不仅能够吸引客户的注意力，还能够营造出轻松活泼的谈话气氛，引起客户的兴趣，使客户乐于与销售员继续交谈下去。

在销售活动中，如果你的开场白足够吸引人，能够在开场的那一段短暂的时间内抓住客户的心，那么接下来的推销活动会比想象中容易得多。听完开场白，很多客户就会下意识地决定是尽快打发掉你，还是继续了解一下产品，或是最终决定购买。因此，第一时间抓住陌生客户的注意力，才能保证谈话顺利进行。

销售员要想使开场白吸引人，可从以下几个方面入手。

1. 唤起客户的好奇心

好奇是人类行为的基本动机之一，人们往往对那些不熟悉、不了解、不知道或与众不同的东西感兴趣。销售员可以制造神秘气氛，唤起客户的好奇心，吸引客户的注意力和兴趣，然后在解答疑问时顺势谈及自己推销的商品。具体方法可以灵活多样，但要尽量做到得心应手，运用自如，不留痕迹。

2. 站在对方的立场思考问题

一名专业的销售员会注意倾听对方的声音，并适时表示赞同。不会单纯地传达自己的意见，而是站在对方的立场上思考问题，只有这样才能最终获得对方的信赖。

3. 找出产品的价值所在

客户需要的是有价值的产品，这就要求销售员对自己销售的产品或者提供的服务的价值有清晰认知，并且要清晰地知道客户所关心的那部分，如市场行情、新技术、新产品知识等。比如对客户说："这款产品是一项新的技术发明，我觉得很适合贵厂的技术要求。"销售员为客户提供了信息，关心了客户的利益，也就获得了客户的尊敬与好感。

4. 提及有影响力的第三方

在同客户的交谈中，销售员可以明确告诉客户，是客户的同行或亲友介绍自己登门拜访的。这是一种迂回战术，因为人们的购买行为常常受到其他人的影响，都有“不看僧面看佛面”的心理，所以，大多数人对第三方介绍来的销售员都很客气。特别是，当你说的第三方又是客户所景仰的人或性质相同的企业时，效果就会更显著。

当然，打着第三方的旗号一定要保证确实经过对方的许可，及时出示引荐人的名片或介绍信，绝不可自己瞎编乱造，甚至睁着眼睛说瞎话，不然，客户一旦查证起来，就要露出马脚了。

5. 向客户虚心请教

很多客户好为人师，因此聪明的销售员可以装作“不耻下问”地向客户请教，这样既能满足客户的虚荣心，又能为产品销售打下良好的基础。

6. 利用赠品

每个人都有贪小便宜的心理，销售员可以利用人类的这种心理进行赠品推销。很少有人会拒绝免费的东西，用赠品做敲门砖，既新鲜，又实用。

总之一句话，万事开头难，销售员的销售工作更是如此。但是，作为一名职业销售员，决不能因此而放弃努力，而应该做好充分的准备，提前设计好一个有创意的开场白。

成交离不开好口才

说话是一种内在修养的表现，也反映着一个人的整体素质。对于销售员而言，更是要具备一流的口才技巧，学会运用语言的艺术打动顾客的心。

优秀的销售员往往都是会“说”的人，销售成功往往是销售员与客户有效沟通的结果。这是因为口才好的销售员更容易受到客户的欢迎，也就更容易取得成功。

有一位卖电动拖把的销售员，每天都能很快地将拖把全部推销出去，而且他的客户大多是养狗人士。

每次在街上遇见遛狗的陌生人，他总是很热情地走上前去搭讪：“瞧，多可爱的小狗啊，是纯种的泰迪吧？”

遛狗人见他满口称赞自己的小狗，自然满心欢喜，也多会高兴地回答说：“是啊，养了快一年多了呢。”

销售员接着又说：“瞧这小家伙毛色真好，您一定每天都给他洗澡吧？”

遛狗人更加高兴了：“是啊，这小家伙都养成了洗澡的习惯了，每天都会准点去卫生间它的洗澡盆那儿等候着。”说完，遛狗人甚至开心地笑了起来。

“是啊，那这小家伙真是太聪明了。不过养狗唯一麻烦的就是狗毛到处都是。”销售员见时机成熟了，非常自然地就把话题引到了自己销售的产品上来。

“是啊，尤其是每年春天换毛的时候最厉害，房间里到处飞着这小家伙的毛，拖把也拖不干净。”遛狗人微微皱着眉头说。

销售员立刻接着对方的话题说：“那太巧了，我这里正好有那种可以灵活转动的吸尘电动拖把，就算是边边角角的细小灰尘也可以打扫得干干净净呢。”就这样，销售员巧妙转换话题，自然地推销起自己的产品来。每次他都是用这招将自己的产品销售出去的。

在销售中，一句话可能砸了生意，使有意向的客户转身离开；一句话也可能让客户心花怒放，立刻选择购买，甚至变成回头客。所以，那些优秀的销售员都离不开好口才。

当然，销售语言是销售员与客户之间为传递信息、推销产品而进行的沟通的语言，它具有以下7个特点。

1. 专业

在销售的过程中，销售员要对自己所推销的产品做到了如指掌，熟悉其性能、操作、保养、优缺点等产品知识，甚至对同类产品也要有所了解。如果销售员对产品知识缺乏了解，毫无疑问，顾客是不会选择购买的。

2. 真实

销售语言必须要保证真实性，一是产品介绍要实事求是，绝不能胡编乱造、虚假夸张；二是真诚，绝不能虚心假意，当面一套背后一套地蒙骗客户。

3. 礼貌

礼貌用语是一种好习惯，能够做到彬彬有礼、以礼相待的销售员一定大受欢迎，拥有这种习惯的人更容易成功。在人与人的交往中，使用礼貌用语可以说是一条行为准则，也可以说是提高工作效率的法宝。实际上，这也是我们所强调的“会说要比会办事重要”，因为会说才能更有效率地做事。

4. 建设性

销售员应尽量站在客户的立场上，让客户听起来是为他着想、为他解决问题，这样当客户犹豫不决时，销售员提出专业的建设性意见，就能帮助客户尽快做出购买决定。

5. 委婉表达

说话是一门艺术，拒绝要委婉。在交谈中可以多运用一些比喻、幽默和赞美等，让客户在不知不觉中接受你的观点，从而接受你的产品。

6. 语意简洁明确

“言不在多，达意则灵”，讲话简练有力，能使人不减兴味；冗词赘语，不得要领，必令人生厌。语言需要灵活运用，但更需要简洁明确，表达无误，这样才有利于双方顺利地进行交流。与人交往，第一要义就是要让人听得懂、听得透，让他人明白你要表达的主要用意。因此，在语言的表达上，应当力求简单明了、言简意赅地表达自己的观点和看法，切忌喋喋不休、啰啰唆唆，这样不仅能提高工作效率，还可以体现自己的精明强干。此外，为了清晰起见，应该保持平均每分钟150个词的语速。并且不要在句尾衔接不必要的语气词，否则就会影响表达效果。

7. 注意倾听

不管你多能说，有时闭嘴会比说话好。如果你的直觉告诉你少说为佳，那么还是赶紧闭嘴吧！

总之，一个成功的销售员在销售过程中应注重锻炼口才，因为是否拥有“巧舌”决定着销售的成败。

赞得妙才能卖得俏

赞美是打开客户心扉最直接的钥匙。对于销售员来说，赞美客户，是送给客户的温馨礼物。

关心客户，容易引起客户的好感。试想，有哪个人会让夸奖自己的人难堪呢？因此，销售员在推销开始时，适当地赞美一下客户，不仅能够有效活跃销售气氛，还很容易获得对方的好感，进而拉近彼此间的距离，使得其后的推销过程顺利得多。

菲德尔费电气公司的约瑟夫·S.韦普先生有一天去宾夕法尼亚州，他要与那里的一位很阔气的农场主洽谈用电业务。

当他来到这位农场主的别墅前叫门时，门打开了一条缝，户主布朗肯·布拉德太太朝门外探出头，问清楚来人是电气公司的业务洽谈人员后，立即就把门关闭了。韦普先生并没有灰心，他再一次敲门，敲了很久，布拉德太太才勉强又将门打开了一条缝，并且未等韦普先生开口说话就怒斥起来。

很显然，韦普先生一开始就出师不利。然而，韦普先生并没有因此退缩，他含笑地说："布拉德太太，很对不起，我打扰您了。我访问您并非为了电气公司的事，而是想在您这里买一点鸡蛋。"

听他这么说，布拉德太太的态度有所改变，把门的缝也开大了一些。

韦普先生接着说："您家的鸡长得真好，看它们的羽毛多漂亮！这些鸡大概是多明尼克种吧？能不能卖给我一些鸡蛋？”此刻，门缝又开大了些。

布拉德太太说：“你怎么知道是多明尼克种的鸡呢？”

韦普先生便趁热打铁地说：“我也养了一些鸡。像您所养的这么好的鸡，我还是头一次见到。再说，我养的是来亨鸡，只会下白蛋。夫人，您知道吧，做蛋糕时，用黄褐色的蛋比白色的蛋好。我太太今天要做蛋糕，所以我就找到您这里来了……”

听他这么一说，布拉德太太高兴得直乐，她情不自禁地从屋里跑了出来。于是，韦普先生利用一瞬间扫视了屋内环境，发现她家有一套完整的奶酪设备。

韦普先生不慌不忙地说：“夫人，我敢打赌，您养鸡赚的钱肯定比您丈夫养奶牛赚的钱还要多。”一句话使布拉德太太眉开眼笑，她热情地把韦普先生请进屋子，并带他参观鸡舍。在参观的时候，韦普先生一面耐心地听她介绍，一面不时地发出由衷的赞叹。如此一来，他们一下子就拉近了彼此间的距离，变得无话不谈。

后来，布拉德太太诚恳地向他请教用电的好处，韦普先生便如实地向她介绍。不到半个月，他的公司就收到了布拉德太太交来的用电申请书。再后来，在布拉德太太的宣传下，这个村子的用电订单像流水一样源源不断。

再来看一个例子：

维达是华盛顿州一家室内装饰品公司的销售员，他所在的公司不但在华盛顿州开展业务，而且将业务拓展到其他一些州。一次，维达领命前往佛罗里达州拜访一位新客户。维达坐火车从华盛顿州来到佛罗里达州，并如约见到了这位客户。

“您知道您的姓在这个区是独一无二的吗？”维达进入这位客户办公室时，面对客户，一脸真诚地问。

“真的吗？我的姓是独一无二的吗？我还真不知道呢！”客户有些惊异。

“嗯，确实如此，早上我一下火车，在电话簿中找您的住址时发现，在这个区只有您姓这个姓。独一无二的姓，这可不是能轻易遇到的事。”维达依旧一脸认真地说。

“哦，有可能，要知道我的姓可不是普通的姓。我的家族是从荷兰迁过来的。不过已经有很长一段时间了，那时……”客户的兴趣被勾起来了，开始谈起了他引以为傲的家族往事。

维达从客户满脸骄傲的表情和沾沾自喜的讲述中了解到客户是个愿意听赞美的人，于是在客户讲完他引以为傲的家族史后，开始恭维起他和他的公司来：“您的公司规模这么大，这么有气魄，我从来都没有碰见过。您能领导这么大的公司，而且还经营得如此有声有色，可见您的能力是非常棒的！”

“嗯，这个公司倾注了我大量的心血，我也知道它比同类公司更有规模，更有竞争力，对此我也很自豪。你愿意参观一下我的公司吗？”客户脸上露出了灿烂的笑容，笑容之中掩饰不住得意的神情。

在接下来的参观中，维达恰到好处地又赞美了客户丰富的组织与管理经验和公司高效的运营模式，客户脸上的笑容更加灿烂了。

参观结束后，这位客户坚持要与维达共进午餐。在进餐过程中，客户问起了维达的具体来意。在维达说明了自己的来意后，客户没有多加考虑，欣然答应午餐结束后就签订单。

就这样，维达在没有花大量时间介绍产品的情况下，就达成了交易。而交易之所以这么顺利达成，就是因为维达恰到好处地赞美了客户，让客户找到了自己的存在感和价值。关系拉进了，买卖自然就做成了。

多多赞美你的客户，让他们飘飘然，你的销售自然就会顺利无碍。当然，赞美别人时，我们一定要掌握以下这些技巧。

1. 赞美要态度诚恳

著名的销售员乔·吉拉德说过这样一句话：“所有最重要的事情，就是要对自己真诚，并且就如同黑夜跟随白天那样的肯定，你不能再对其他人虚伪。”

如果是新客户，不要轻易赞美，只要做到礼貌即可。因为在大家还不很熟悉的情况下，贸然去赞美客户，往往会导致客户产生疑心乃至反感，弄不好就成了谄媚。

如果是老客户，要及时赞美。比如，要留意老客户的服饰、外貌、发型等有无变化，如果有，一定要及时赞美，这样，接下来的沟通效果会更好。

2. 赞美也要有针对性

看到大眼睛的女孩，人们总是习惯赞美“你的眼睛真大”。这种赞美就过于泛泛，不能引起对方足够的兴趣，如果你能换一个角度说“你的眼睛真美”或者说“一看你的眼睛就知道你是一个很有灵气的女孩”，如此就能给对方带来不同于以往的优越感受，从而让她更愿意与你展开交谈。

3. 借别人的口去赞美客户

比如，你对客户说“刚才那个客户也说您很有品位”，这样可以增强你赞美的信服力。

4. 赞美要合乎时宜

赞美的效果在于适可而止，要真正做到“美酒饮教微醉后，好花看到半开时”。当别人计划做一件有意义的事时，开头的赞扬能激励他下决心做出成绩，中间的赞扬有益于对方再接再厉，结尾的赞扬则可以肯定成绩，指出进一步的努力方向，从而达到“赞扬一个，激励一批”的效果。所以，赞美并不是盲目地越多越好，而是要选择时机，让你的赞美发挥最好的效果。

总之，赞美是增进情感交流的催化剂。在销售过程中，赞美客户是必不可少的环节。如果销售员能找到客户值得赞美的地方，并真诚地表达出来，你赞美得越具体，就越真实，也越能突破客户的心理防线，让他们接受你，有时甚至还能够挽回那些行将失去的客户。

少说“我”，多说“我们”

《福布斯》杂志上曾有一篇题为《良好人际关系的一剂药方》的文章，在社会上引起了极大的反响，其中有关于人际交往的一个段落如下。

语言中最重要的5个字是“我以你为荣”。

语言中最重要的4个字是“您觉得呢”。

语言中最重要的3个字是“麻烦您”。

语言中最重要的2个字是“谢谢”。

语言中最重要的1个字是“你”。

那么，语言中最不重要的一个字是什么呢？是“我”。

推而广之，销售员一定要尽量回避“我”这个字眼。

亨利·福特二世在描述令人讨厌的行为时说：“一个满嘴是‘我’的人，一个随时随地说‘我’的人，一个独占‘我’字的人，一定是一个不受欢迎的人。”事实上也确实如此，在人际交往中，当我们的话中“我”字讲得过多时，会给人强烈的自我标榜的印象，这会在对方与你之间筑起一道防线，形成障碍，影响别人对你的认同。会说话的人，在语言传播中，总会避开“我”字，而用“我们”开头。因此，销售员在进行销售工作时应尽量避开“我”字，更多使用“你”“您”“我们”等字眼。要知道，与你更喜欢谈论自己一样，对方也更喜欢听到与他们有关的话，即使像“你从哪来”这样一个简单的问题也能表明你对他人感兴趣，从而赢得对方的好感。

詹姆斯在日航公司工作时曾经到东京参加培训。一天傍晚，他到住所附近的一家超市买了一盒杏仁豆腐准备回去当夜宵吃，但晚上打开一尝，发现杏仁豆腐已经变质了。

于是，第二天一早，詹姆斯经过这家超市时，进去对收银员小姐说：“我昨天买的杏仁豆腐是坏的。”

“坏的，您有没有带过来？”收银员小姐问。

詹姆斯说：“那又不值什么钱，我随手就扔掉了。不过，没关系，小姐，你也不要误会，我只是告诉你们杏仁豆腐是坏的，不是跟你要钱来的。”

“不不，这位先生，这可是大事，请您稍等一下。”收银员小姐说完就跑进里面的办公室去。没过几分钟，她又跑回来，后面还跟着一个穿着职业西装的男士，手里拎着一个袋子。这位男士走到詹姆斯面前说：“先生，出了这样的事情，我们真的很抱歉，这是我们的错，这里有五盒杏仁豆腐，保证都是新鲜的，您拿去吃，算是我们对您的赔偿。另外，这是您昨天买杏仁豆腐的钱，我们全额退还给您。我们店里出售了变质的商品，这是我们的耻辱，多谢您帮助我们改正。”

这家超市出现杏仁豆腐变质的事件，或许并不是收银员小姐的过错，或许和那位穿西装的男士也无直接关系，但是当出现问题时，他们没有说“这和‘我’无关”，而是都异口同声地说“这是‘我们’的过错”。他们的表现让詹姆斯感受到了这家超市最诚挚的诚意，不但使问题得到圆满解决，而且也给詹姆斯留下了一段最美好的回忆。

有人做过调查，看看人们每天最常用的是哪一个字，最后发现是“我”字。为什么人们对“我”字特别关心呢？就是因为大多数人都喜欢被关注。

那些经验丰富的销售员们，在与人打交道或是推销产品的过程中，他们极少会说“我如何如何”，而总是喜欢用“我们如何如何”这样的话语，虽然只是一字之差，但是这让销售员和客户之间起了微妙的变化，因为“我”只是表示一个个体，而“我们”却表达出了一个群体，这样有助于拉近与客户之间的距离，还可以使销售员在无形中实现从销售员到客户的身份上的临时转换，从而给客户心理带来一种更加亲近的感觉。

因此，销售员在销售过程中要尽量少说“我”，多说“我们”。

1. 尽量用“我们”代替“我”

这可以缩短你和客户之间的心理距离，促进彼此之间的感情交流，使对方更容易接受你和你的建议。例如，把“我提议，今天下午……”换成“今天下午，我们……好吗？”

2. 讲话时用“我们”开头

说“我”有时只能代表你一个人，而说“我们”代表的是一个团体，成员自然容易接受。例如，在员工大会上，你想说：“我最近做过一项调查，发现20%的员工对公司有不满的情绪，我认为这些不满情绪……”如果你将上面这段话中的两个“我”字转化成“我们”，效果就会大不一样。

3. 少说“我”，多说“你”

不要总是谈你个人的事情，要知道，人们最感兴趣的是自己的事情，而对于那些与自己毫无关系的事情，大多数人只会觉得无聊透顶。因此，当你大谈特谈一件事而口水四溅的时候，不仅很难引起别人的兴趣，还让人觉得好笑。

例如，当介绍完自己的某种情况或提出了自己的某种观点时，可以适当停顿一下，询问一下对方的想法。这样，一来表示我们对对方的关注，二来还可能从对方的口中听到另一种观点。类似的问话有“你觉得怎么样”“你对这个问题怎么看”“你赞成这种说法吧”“说说您的想法吧”“我知道您是行家里手”……

4. 说“我”字时要语气平淡

在谈到“我”字时，要做到语气平淡，既不要扬扬得意、眉飞色舞，给人一种你高人一等、不可一世的不良印象，也不要畏畏缩缩、低声下气，让人觉得你没有自信、底气不足。你只需要注意把表达的重点放在事件的客观叙述上即可。

少说“我”，多说“我们”，其实说到底也就是在同客户打一场心理战。销售员这种巧借称谓的行为，有利于其在面对陌生客户时，快速消除彼此站在不同立场上的对立感，构筑起一种短暂的信任感，进而完成交易。所以，在销售过程中，一名成功的销售员从来不会说“我”，而总是不停地向客户说“我们”。

巧寻话题打破冷场

销售员在与客户初次见面时，因为双方都比较陌生，常常会因为没有有效话题、无话可说而出现冷场的现象。既使自己尴尬，也让客户感觉别扭。无疑，销售员在与客户沟通时，切忌冷场。这种冷场会妨碍销售工作进一步进行，容易使客户的思绪偏离交易的主题，破坏成交的气氛，甚至使销售工作还没进入实质性阶段之前就提前夭折。

从心理学上来说，人与人之间如果能有共同感兴趣的话题，那么在进行沟通时，就会在思想感情、理想愿望、审美趣味等方面，形成一种强烈的心灵感应状态。基于这种心理现象，销售员不但能通过有效话题打破冷场，更能博得客户的好感，拉近彼此之间的距离。

在一次重要的谈判中，由于双方以前从未有过任何接触，气氛略显沉闷。这时甲方的代表开口了："王经理，听说你是属虎的，贵厂在你的领导下真是虎虎生威呀！"

"谢谢，借你吉言。可惜我一回家，就虎威难在了！"

"为什么呀？"

"我和我的夫人属相相克啊，我被降住了！"

"那么你妻子……"

"她属武松！"

双方你来我往，不经意的几句幽默话语，就将原来沉闷的气氛一扫而光，彼此间很容易就建立了良好的关系。

闻名全球的销售及客服专家杰弗里·基特玛说："如果你找到了与潜在客户的共同点，他们就会喜欢你，信任你，并且购买你的产品。"因此，销售员要细心观察和了解客户感兴趣的话题，然后从这些话题入手进行沟通，这会给你的销售打开成功的大门，并使整个销售沟通充满生机。

此外，销售员还要像专业咨询员一样，发掘出客户潜意识里想要、但他们自己都没有意识到的需求。比如，你在与客户沟通时，在介绍完产品的性能、价格、优势后，客户没有表态，你感到无话可说时，可以适当聊些与商品相关的故事，或者让客户谈谈他的业余爱好，在闲聊中适时渗透产品观念，让客户自己感觉到购买产品的必要性，从而使最终的成交变得水到渠成。

"销售就是讲故事"这句话在销售界也相当流行，实际上，在沟通中，给客户适当讲一些与成交目的有关的故事，确实可以活跃沟通氛围，激发客户对谈话的兴趣。相反，如果销售员在面对客户时，满口的产品信息，容易造成客户的反感和抵触心理，从而出现冷场，为销售埋下失败的种子。

因此，销售员在面对各种各样的客户时要善于寻找有效的话题。这就需要在平时注意培养自己多方面的爱好和兴趣，也可以根据客户的喜好临时学习某些知识，从而不打无准备之仗。下面几种可临场灵活采用的有效话题可为销售员提供借鉴。

1. 适度赞美你的客户

卡耐基说过："要改变人而不引起人的抵触或反感，请称赞他们最微小的进步，并称赞他们的每个进步。"赞美总是会受到人们的欢迎，对于销售员而言，可以赞美客户的话题有很多，如客户的穿着、气质、发型以及工作能力等。这种赞美会使客户产生积极的心理反应，从而愿意与销售员做进一步交谈。

2. 针对客户的爱好展开谈话

与客户沟通时，销售员可以谈及客户的爱好，这样有助于找到客户感兴趣的话题，从而调动客户的情感共鸣。

销售员可以通过观察客户的发型、服饰、谈吐及行为举止等，了解客户的爱好。然后利用客户的这些喜好循序发问，从而建立良好的谈话氛围。比如，客户喜爱健身，就可以此为话题，谈健身的常识和心得体验，以此快速拉近彼此的距离，如相谈甚欢，客户甚至可能产生“相见恨晚”的感觉。

3. 向客户请教

由于人们的炫耀心理，人们总是喜欢教别人，而不喜欢受教于人。销售员可以装作不懂的样子，给客户提出更多意见、看法的机会。事实上，假如你表现得太聪明了，客户讲话也会有所顾虑。所以，如果销售员明确向客户请教，引起对方的优越感，那么对方肯定愿意多说一些，从而打开交谈的局面。

4. 鼓励对方多说话

为了鼓励客户多说话，销售员可以经常变换一些表示赞同的词语，鼓励对方开口。当对方受到鼓励并获得赞同的时候，会感到自己受到了重视，这样更有助于对方说话。

5. 善于运用肢体语言

销售员在和客户交谈时，不要仅凭一张嘴去说，还要有效利用你的肢体语言，这能让你的谈话更有吸引力。比如，你在给客户讲述家庭监控系统的作用，如果你一边给客户讲述家庭监控系统的重要性，一边举例说“假如你出去上班一整天，或者出去度假，你的家里安装了家庭监控系统，你就可以放心出去了，因为你随时都可以打开手机实时查看家里的每一个角落（你可以掏出手机做查看的动作）。但是如果你家没有安装家庭监控系统，小偷进去你也不会知道（可以做出频频扭头，仿佛担心家里被盗的样子），这不是很难受吗！”相信你的这些肢体语言，一定会让客户感到不购买家庭监控系统，生活就会出现一些麻烦事，这样一来，产品的使用价值就深刻地传达给了客户。

6. 有效打破冷场

销售员要善于打破冷场。如果你说话太过于盛气凌人，使客户反感而造成沉默，那么在接下来的谈话中就要注意保持态度谦虚。销售员如果滔滔不绝，导致客户没有插嘴机会，销售员就要注意讲话适可而止，给对方说话的机会，不要让客户觉得你是在单方面地传教。如果因为双方初次见面，不知道该具体交谈什么，那么销售员在谈及产品的话题之余也可以把交谈拉伸到更广的领域，从而发现对方的兴趣，这样就不愁没有共同话题了。或者，你们也可以将话题转移到时事新闻上来，谈论时下大众比较关心的焦点问题，如奥运赛事情况、房地产是否涨价、新能源等，以此活跃沟通气氛，也可以增加客户对你的好感度。

总之，销售过程就是沟通的过程，而沟通需要说话。销售员要能及时更新谈论的话题，始终让客户觉得谈话是有趣的，并让客户喜欢与你谈话，为最终的成交打下良好的基础。

用专业知识循循善诱

在现实中，客户最希望推销人员能够提供尽可能多的产品知识与信息，帮他们全面了解产品的特征与效用。倘若推销人员一问三不知，就很难在客户中建立信任感。因为任何销售，销售员只有充分掌握产品知识，它的售价、容量、规格、功能、生产厂家，符合什么认证标准，使用时要注意些什么等，才能吸引和争取到客户，否则就是无的放矢。

辜先生去一家汽车4S店看车，一位销售顾问迎上前来接待。看车时，辜先生问了一些有关产品配置、性能特点的问题，销售顾问表示不太了解，并告诉辜先生说明书上都写着，建议辜先生买车后自己回去看。

稍后，辜先生去了另一家汽车4S店。这家店的销售顾问热情地接待了辜先生，对于辜先生提出的问题，销售顾问结合产品彩页与电脑演示做了全面而清晰的讲解，还安排辜先生进行了试驾。这次看车，让辜先生了解了很多汽车方面的知识，真正地体会到了产品的优势，最后，辜先生与这位销售顾问签订了购车协议。

一般来说，客户在购买产品之前都想了解有关产品的更多知识。如果销售员无法满足客户的这一基本需求，客户就无法了解产品是否适合自己，也就不会做出购买产品的决定。

在客户面前展现专业水准，并不是提倡要使用大量的专业词汇，把客户说得云里雾里，以显示自己有多“专业”。在与客户沟通时，我们可以用通俗易懂的话穿插进一些专业词汇，确保客户能够听懂，而且用语要深入浅出，把专业性的东西用喜闻乐见的方式说出来。

一家物流公司原想购买一辆载重4吨的大卡车，可出于节省成本的需要，不想购买载重4吨的卡车了，而想购买载重2吨的卡车。销售员知道情况后，跟客户进行了一番沟通。

销售员：“您需要运输的货物平均重量是多少？”

客户：“不一定，2吨左右吧。”

销售员：“意思是有时多有时少，是吗？”

客户：“对，是这个意思。”

销售员：“选择哪种载重量的卡车，一方面要根据所要运载的货物的重量，另一方面也要看在什么路况上行驶。如果在丘陵地区行驶，而且是在冬天，那么汽车本身的压力要比平时大，是吧？”

客户：“嗯，是这样。我们很多业务恰恰是在那样的环境下进行的。”

销售员：“哦，您刚才说贵公司需要运输的货物平均载重量是2吨左右，如果超过了2吨，冬天在丘陵地区行驶，汽车就会处于超负荷的状态。”

客户听了，被吸引住了，沉思起来。

销售员：“所以，您认为是不是应该留有一些余地比较好呢？而且还可以延长汽车的使用寿命。”

客户越发感兴趣起来：“那您的意思是……”

销售员：“将使用寿命和价格综合起来考虑，我这里有关于卡车载重量和使用寿命以及价格的对比表，您可以看看。”

客户：“那好，拿给我看看。”

最终，销售员成功说服这位客户买了一辆载重4吨的卡车。

实际上，上例中的销售员成功销售的秘诀无它，只是采用了专业术语吸引住了客户，并赢得了客户的信赖，从而得以成功销售。

因此，销售员要不断地提高自身的学识和修养，熟练地掌握最基本的业务，这样在客户面前才不会显得外行。如果你知识渊博、满腹经纶，对什么都能说得头头是道，那么不仅可以找到与客户的共同语言，还能够用自己的才华来征服客户，让客户对你心悦诚服，这样一来，达成交易也就是顺理成章的事情了。

可见，在客户面前，你越是专业精通，说的话就越容易让客户信服。我们接下来介绍销售如何才能做到专业精通。

1. 了解产品知识很重要

第一，产品知识是建立热忱的两大因素之一。若想成为杰出的销售高手，工作热忱是不可或缺的条件。而只有熟知你所销售的产品的知识，才能让你对销售工作产生真切的工作热忱。

要激发高度的销售热情，你一定要变成自己产品忠诚的拥护者，而且最好是自己先使用一下产品，对产品有大致的了解。如果你用过产品而满意的话，那么你就会高度信任自己销售的产品，明白产品对使用者有什么好处，也就不必担心来自客户的种种疑问，并且在与客户沟通时，你的底气才能更足。

第二，掌握丰富的产品知识，会使我们更像专家。客户通常是喜欢与产品专家打交道的，因为客户可以从产品专家那获取自己尚不知道的产品使用常识与技巧。

第三，了解产品知识，会使我们在与客户交谈的时候更有信心。尤其在面对一些大客户时，我们需要与对方的采购人员、工程师、会计师及其他专业人员沟通，这就更需要销售员充分了解产品知识。

第四，你需要产品知识来有效处理反对意见。当客户告诉你“你们的机器没有某某牌的机器做得好”时，你最好对自己的产品和某某牌的产品都十分了解，否则可能会难以成交。

第五，产品能够让你更有自信，并赢取客户的信任。坚信自己的产品能够给客户带来利益，否则你不可能真正认同自己的工作。

2. 产品知识包括的内容

只有详细了解产品，产品蕴含的价值才能通过你自己的销售技巧体现出来。你需要了解产品以下方面的内容。

（1）产品的构成。构成产品的几个要素包括：产品名称、物理特性（包括材料、质地、规格、美感、颜色和包装）、功能、科技含量（即产品所采用的技术特征）、销售价格体系和结算体系、运输方式、产品的系列型号等。

（2）产品的价值取向，指产品给使用者所带来的价值。构成产品使用价值的因素有以下几种。

第一是品牌。这是确立客户购买决策的重要因素，在众多的产品品牌中，你销售的产品的品牌形象、市场占有率是否处于有利的地位。

第二是性价比。通过产品说明，让客户了解产品的参数、性能，这是客户判断是否购买的依据。

第三是服务。不仅是售后服务，还包括整个销售过程中你给客户带来的信心和方便。

第四是产品名称。一个好的产品名称能给客户带来一种亲和力。对销售人员来说，产品的名称并不能由销售人员来确定，但潜在客户获知产品的名称是要通过销售人员的。如何将产品的名称通过你的语气表现出信心与亲和力，是销售人员需要训练的技巧。

第五是产品的优点。这是产品在功效上表现出的特点，如汽车的方向盘上有换挡拨片，上下按键可以换挡等。

第六是产品带来的特殊利益。这是指产品能满足客户本身特殊的需求，比如，汽车的方向盘上有换挡拨片，便于用户行驶中手动快速换挡，使换挡操作更快捷、安全。

产品价值的综合取向是客户产生购买行动的动机。我们不否认客户的购买动机各不相同，但真正影响客户购买的决定因素是带给客户的利益。

（3）产品的竞争差异。基于一个基本的市场原则——市场竞争的存在性，我们可以对同类产品做比较分析。比较的内容可以包括：材料、质地、规格、颜色和包装、功能、科技含量、价格、结算方式、运输方式、服务、市场占有率以及客户满意度等。

3. 精通产品或服务的知识

对一个专业的推销人员来说，“产品更新速度太快”“公司培训跟不上”等都不应该成为你不去掌握产品知识的借口。任何工作都一样，只有努力去钻研与学习，才能掌握更多知识，工作才能更出色。在销售过程中，客户是需要通过你来了解产品知识的，如果你不通晓产品知识，你又如何能够解释客户的疑问呢？

4. 站在客户的角度介绍产品

在向客户介绍产品时，要更多地考虑客户的感受，从客户的角度出发，从而让你的介绍更有说服力。

首先，卖客户之所需。很多时候，我们的产品对大部分客户来说都会产生潜在的价值，而客户并未发掘自己这方面的需求，这时，我们就要站在客户的角度来介绍产品。比如，一位销售员想卖给客户一台彩色打印机，无论他怎么介绍，客户都无动于衷。后来，这位销售员拿着用彩色打印机打印出来的五颜六色的促销单去见客户，客户立即感觉到了彩色打印机给自己带来的使用价值，并愉快地买了一台彩色打印机。从客户需求的角度介绍产品，会让介绍更有说服力。

其次，把“我”变成“我们”。专业的销售员在说服客户时，总是会多用“我们”而少用“我”，这样容易拉近与客户之间的距离，让客户觉得你是站在他的角度考虑问题的，也更容易接受你的介绍。

最后，对客户有益才是真的有益。在销售过程中，客户关注的是自己的利益，而销售员关注的是公司的利益。其实，这两者在本质上是一致的。只有客户的利益得到保证，公司的利益才有了扎实的基础。所以，专业的销售员往往会让客户觉得他是自己的帮手，是在帮自己实现利益最大化。

总之，“巧妇难为无米之炊”，销售员只有充分了解自己的产品及服务，才能娴熟地运用它们来吸引客户的注意力、满足客户的需求，才能有针对性地解答客户提出的任何问题，信心十足地向客户展示自己的产品，令客户信服，顺利达成交易，从而提高销售业绩。

关注客户的感受，不要自说自话

在和客户交谈中，销售员千万不可以自说自话，一定要时刻注意控制自己的话题，一旦发现客户对当前的话题不感兴趣，就要立刻停止，哪怕你目前所谈的话题对你而言是非常重要的，也不宜继续进行下去。

小李是办公用品销售员。一天，他去拜访公司的一位老客户，准备向其推荐公司新代理的一款最新的打印机。

一进客户的办公室，他就指着客户的那台旧打印机说："您还在使用这台老式打印机啊？都是老古董了！"

"是吗？可是我用起来还可以啊。"客户不以为然地回答说。

"或许您不关注这方面的信息，您用的这款打印机不太环保，而且打印质量也不稳定，早就该淘汰了。"说完小李还做了个用手扔进垃圾桶的动作，丝毫没有注意到客户脸上的尴尬。

"是这样啊，可是你也不要忘记了，这个'垃圾'也是你们公司代理的产品啊。"客户不客气地回答。

销售产品的过程其实就是与客户沟通的过程，它是一个双向对话的过程。在这个过程中，客户并不只是被动地接受劝说和聆听介绍，他们也会表达自己的意见和要求，只有这样，销售员才能得知客户的内心需求。因此，销售员不要只顾自说自话，必须学会引导和鼓励客户谈话，让客户愿意多说。自己多听是销售沟通中每个业务员必须学会的技能。

《销售巨人》一书的作者尼尔·雷克汉姆对提问与销售的关系进行过非常深入的研究，他认为：在与客户进行沟通的过程中，你问的问题越多，获得的有效信息就会越充分，最终销售成功的可能性也就越大。

弗朗西斯·培根也说过："谨慎的提问等于获得了一半的智慧。"如果客户话语不多，那么有效的提问对于同客户保持良性沟通具有诸多好处，但是在提问的过程中不讲究方式和方法，不仅达不到预期的目的，恐怕还会引起客户的反感，从而造成与客户关系的恶化，甚至破裂。

因此，销售员在与客户展开沟通的过程中，对客户进行提问之前必须谨慎思考，切忌漫无目的地信口开河，否则会给客户留下不被尊重和不被关心的坏印象。

在实践中，聪明的销售员常用以下方式引导和鼓励客户说话。

1. 向客户提问

销售员有时候面对的很多客户都不愿意主动透露自己的想法和相关的信息，如果仅靠自己滔滔不绝，而客户无动于衷，那么这种缺少互动的沟通就显得相当尴尬，且最终必然无效。为了使整个沟通实现良好的互动，销售员可以通过适当的提问来引导客户提出自己的想法。如此一来，销售员就可以针对客户说出的问题寻求解决问题的途径。

比如，销售员可以这样提问："我感到有点困惑，您的意思是……""您能帮我重新说明这一点吗？"这种开放式提问的方式可以使客户更畅快地表达内心的想法。

2. 向客户表示感谢

即使出于最基本的礼貌，销售员也应阶段性地对客户的坦诚回答表示感谢，例如："谢谢您告诉了我这个问题的结果。"

3. 对于客户的问题要当场解答

对于客户提出的问题，销售员应该立即给出客户想要的明确答案。如果这种需求得不到满足，客户会对销售员的专业性甚至产品产生怀疑。因此，对于客户的问题必须要谨慎作答。如果你还不能明确客户的意图，那么用问句来回答问题是个很好的技巧。比如，“您问到点子上了，但为什么对这个方面感兴趣……”，这样一来可以避免误解客户的意思，从而及时找到答案；二来可以使客户得到鼓励，他们会因为找到了热心的听众而产生谈话的兴趣，从而传递出更多的信息。当然，如果销售员能够给出一个明确的答案，就要立即给出。

4. 配合适当的肢体语言

除语言外，销售员还应注意运用适当的肢体语言，如体贴的微笑、热情的眼神、适当的表情、得体的动作等，这有利于你和客户进行良性互动，进而使客户产生交谈的欲望。

第三章

产品陈述——用精彩语言提升客户的购买意愿

怎样让你的产品介绍充满魅力？怎样让客户产生购买的冲动？

其实，这并不难做到——每个人都爱做梦，

每个人都希望一觉醒来美梦成真，只要与一个有野心、有目标、有欲望的人谈到梦想，其必然会雄心勃勃、豪情万丈。

描绘美妙意境感染客户

聪明的销售员向客户销售产品时多会营造出一种适当的气氛和意境，以此来影响客户做出购买的决定。

那么，怎样才能激发客户的想象，让他们得到拥有这种产品之后的美妙感受呢？首先，最为直接的就是让客户亲自体验一下。其次，可以通过你的语言描述出客户拥有了这种产品后的情景，让其产生拥有这种产品后的美好感觉。

小周一边让刘小姐翻阅图片，一边配以自己的讲解。他说："即使你足不出户，只要站在宽大别致的阳台上面，就可以听到海浪哗哗的声音，还有海鸥的叫声。深呼吸一下，你甚至还可以闻到松树或刚刚收割的稻秆的香气。如果你想出去转转，不妨去逛逛具有乡土特色的乡村商店，拿起那里的草莓，尝一颗，那酸酸甜甜、花蜜般的味道真是让人流连忘返。如果想要运动，你可以游泳，或者去划船，那里建有巨大的人工湖，而且船也是很有特色的独木舟，取来一支划桨，那木头平滑轻巧，而且手握起来十分舒服，让你觉得充满活力……"

小周的描述可谓是绘声绘色，让人充满遐想。他不仅调动了客户丰富的想象力，还充分地调动了客户的其他感觉，如听觉、嗅觉、味觉、触觉，并且使这些感觉具体到一事一物，让客户脑海中的影像更加生动清晰，使其产生强烈的期待。还没等小周说完，刘小姐就迫不及待地大叫：“太好了，太美了，我一定要去，一定要去。”

优秀的销售员都善于运用各种感觉来刺激客户，让客户“看到”“听到”“闻到”“尝到”，甚至“感觉到”商品真实的一面，这样才会使客户产生强烈的购买欲望。听到不如看到，看到不如摸到。销售员要善于引导客户亲自参与产品展示，把主动权交给客户，销售员只需站在一边加以指导和说明就可以了。只有让客户亲自动手，他才会获得最真实的感觉，掌握第一手资料，这样要比销售员自己表演而客户只当观众的效果好得多。

有些时候，我们发现客户站在产品前没有什么反应，这不仅仅表明我们的产品没有打动客户，还表明我们的话语没有打动客户。其实，主要是我们没能够开发出客户潜在的想象力，还没有让客户想象到拥有我们的产品能给自己带来什么好处。如果客户想买一件产品，那么他势必想象过这件产品能给自己带来的好处，或者是自己为什么需要这件产品。客户提前想象过，相当于提前做了心理准备，所以在购买时，自然会信心十足。

因此，当在向客户推销时，我们不妨先尝试着开发客户对产品的想象力，告诉客户产品能给他带来哪些利益，让客户憧憬在拥有这件产品后的意境里，同时也让客户感觉到如果不能拥有，这个美妙的梦就意味着要破裂。人一生都在不断追求自己的梦想，客户对产品的需求，也正是为了满足自己的某一个梦想。

董小姐在逛商场的时候被一款造型别致的手电筒吸引住了，它小巧玲珑，造型别致，十分可爱。董小姐拿在手里爱不释手。

一旁的销售员看见后，过来推荐说：“这款手电筒是新上市的，很可爱的，买一个吧！”

董小姐说：“是挺可爱的。可我不缺手电筒，我已经有好几个手电筒了，而且生活中，我基本用不上。”

销售员听了董小姐的回答后，无言以对。董小姐将拿在手里的手电筒放回货架。

正在这时，另一个销售员走上前，礼貌地问董小姐："像您这么时尚的小姐，一定经常看电影吧？当您走进影院，而影院的灯已经熄灭的时候，您是不是希望有个可以照亮的东西，而这款小手电筒就能帮您解决这个问题，它小巧玲珑，携带方便，会让您更时尚。"

董小姐听了似乎动了心。这名销售员继续说："还有，您如果确实用不上它，也可以买来作为礼物送给需要它的朋友啊！它是如此的精致，又是新上市的，很适合作为礼物送人的。您不动心吗？"

董小姐听了，觉得销售员说得很在理，就不再犹豫，掏钱买下了三个这款手电筒。

当人遇到更美好的事物时，往往会心生向往。而当销售员能为客户构建一个更好的梦想时，客户也就会改变他当初的想法，认为销售员的建议是正确的。案例中那位销售员为客户造了一个梦——造型可爱、实用精致，还适合作为礼物，于是，客户感受到了产品的价值，一下买了三个。

所以，在销售中，我们要善于为客户编织梦想。有时候，即使产品价格高于初期的预算，也并不意味着不能成交，关键是你要造出更好的梦：一种便利，一种轻松，一种可靠，一种保障。

总之，从事销售工作，销售员要善于开发客户的想象力，为客户造出一个美丽的梦，这样才能圆销售员的成交梦。

成功展示产品，让客户“一见钟情”

销售员初次为客户展示产品时，能否实现预期的效果很重要。如果你设计得当，让客户一见到你的产品，便有眼前一亮的感觉，那么接下来你的产品演说将会进行得很顺利，最终销售成功的概率也会很大。如果你初次展示产品便不能吸引客户的兴趣与注意力，通常你的销售效果将大打折扣。

乔·吉拉德在推销过程中非常善于通过一些小细节、小妙招来引导客户，诱使客户购买产品。比如，他在与客户进行沟通的时候，总是想方设法让客户“闻一闻”新车的味道。他总是主动邀请客户走进驾驶室，握住方向盘，让客户自己触摸操作一番。如果客户的家就在附近，乔·吉拉德还会建议他把车开回家，让客户在家人面前炫耀一番再开回来，通常客户经过这样一番亲近后，很快就会被新车的“味道”俘获。

根据乔·吉拉德的经验，凡是坐进驾驶室把车开上一段距离的人，几乎没有不买他的车的。即便当时不买，不久之后也会来买。

成功的产品展示，能够快速引领客户进入销售，并使客户心里自然升起一股强烈的成交意向，让客户在心里对自己说“对，这正是我想要的”，进而最终决定购买。

所以，一些销售成绩优秀的销售员在展示产品前，总会巧妙规划，提前做好关于产品的各项准备，对客户的疑问做到有问必答，从而让客户感觉这就是他们需要的商品。那么，销售员应该做哪些必要的准备，让客户对产品“一见钟情”呢？

1. 注重产品包装

在生活中，人们总是会被那些包装新颖、精致的商品所吸引。事实也的确如此，再好的产品也需要包装，因为产品映入客户眼帘的正是商品的外包装。包装简陋，甚至难看，就很难进入客户的选择范围。特别是在现代社会，商品丰富，同类商品有五颜六色的包装。这些不同包装的商品，有的能够引起客户的心理共鸣，给客户留下美好的印象；有的在客户面前只是匆匆而过，在客户的印象中不会留下什么痕迹；有的是设计粗俗，让客户反感。所以，巧妙的包装，对于产品销售作用很大。

比如，时下热销的苹果手机，它的商标就像被人咬过一口的苹果图形，令人印象深刻，此外它笔挺的直板外形，拿在手里比较方便，再加上它优异的硬件配置，让全世界刮起一场“苹果风”。

2. 巧妙设计展示方法

销售员在为客户展示产品时，可以巧妙设计一下展示方法，包括选择展示地点、展示环境等。具体采取怎样的展示方法，需要根据产品特点、预期效果来定。比如，时下一些新车上市，往往选择在车展上展示，并邀请美丽的车模来衬托——香车美女，热情的人群，记者的闪光灯，汽车出色的性能展示，这些都会给客户留下难忘的印象。

当然，即使是同样一件产品，展示方法不同，给客户留下的印象也会不同。比如，以销售金银首饰为例，在一个豪华的商场里出售，那里有高档的玻璃橱柜、舒适的光线，再加上销售员得体的服饰与高雅的气质，在这样的环境里，客户自然会对这些金银首饰产生信任与肯定；而与之形成鲜明对比的是，那些摆在大街上出售的首饰，即使都是真的，客户也不会看上眼，这是因为产品的展示方法折损了其身价。

3. 注重为产品造势

你不难发现，当某位演艺明星要去某市巡演时，往往会提前造势，让当地观众对这场演出充满期待，等到这位明星最终登场，期待已久的观众的情绪会被彻底点燃，现场气氛也会达到顶点。同样，销售员在为客户展示产品前，也可以采取类似的造势方法为产品造势，让客户充满期待。

比如，你可以先给客户提供一些产品资料，让客户从字面上对产品有个大致了解，当客户提出要看产品时，你可以委婉地告知对方“由于现在前来购买的客户太多，样品都被买走了”，然后你就可以与客户约定一个展示产品的时间，并提前把产品的卖点告诉客户，让客户充满遐想。这样，让客户费一点周折看到产品要比让客户很容易就看到产品的效果好些。因为人们一般都有这样的心理：太容易得到的机会，往往就不觉得珍贵。

总之，对销售员而言，要想成功展示产品，就需要精心设计，让客户“一见钟情”，让产品瞬间捕获客户的“芳心”。

让客户承认自己的需求

俗话说得好：“君子若不开口，神仙也难下手。”同样，在销售领域，客户若不说话，销售员就无从着手开展工作。所以，一旦客户三缄其口，销售员就要竭尽所能撬开对方的嘴巴。

只有通过和客户的有效沟通，找到客户内心深藏不露的强烈需求，客户才会乐意向你敞开心扉。在沟通过程中，销售员可以通过不断提出恰当的问题，让客户自觉回答这些问题，客户回答得越多，暴露出来的信息也就越多。你就能逐步化被动为主动，也就能顺利地知道客户的想法和需求，并满足他们，这样你的销售自然会取得成功。

汤姆森是一家大型公司的老板，他对保险抱有成见，以至于很多保险销售员上门推销都以失败告终。最近，他却购买了平生第一份保险。

原来，当那个陌生的保险销售员说着和其他保险销售员同样的话时，汤姆森依然流露出惯常的不屑，但这个陌生的保险销售员看到后并没有不快，而是停下自己的介绍，询问汤姆森先生有什么问题。就这样，这位陌生的保险销售员不停地提问，汤姆森先生就不停地解释……最终，这位陌生的保险销售员已经完全知道汤姆森先生的想法了。

销售的本质是把产品卖给客户，如果客户没有购买欲望，你说得再好，你的产品再先进，最终也不能成交。即便有的客户碍于情面不得已买了，譬如各类利用亲戚朋友关系推销的各种保险，事后客户的满意度一般都较低。毫无疑问，如果你清楚了客户的具体需求以及这种需求对客户为什么重要，那么销售就会容易很多。因此，我们要牢牢把握客户的需求展开工作。

销售员在判断出客户的需求后，又如何引导客户发现并确认自己的这些需求呢？这就需要销售员采取合适的方法。需要注意的是，销售员不可以逼迫客户去承认这些需求，因为这样会让客户产生反感与抵触情绪。

一般情况下，想让客户发现并确认自己的需求，销售员可以采用以下两种方法。

1. 再次确认法

销售员在与客户进行前期沟通时，已经确认了对方的购买动机，而且也知道购买动机可以转化为购买需求。这时，在与客户充分沟通后，即将促成交易时，销售员可以与客户再次确认其购买意向，从而使客户承认自己的购买需求。

比如，销售员通过与客户沟通后得知客户准备购买一辆安全系数高的汽车，那么在给客户介绍完产品配置后，就可以与客户再次确认："孙先生，我们这辆车有4个安全气囊，可以有效保护乘客的安全。刚才听您说希望买辆安全系数高的车，那么，车辆安全性是您的一项重要需求，对吧？"这样问，客户只能做出肯定的回答，承认自己的这项需求，从而有利于引导客户的成交意向。

2. 借助第三方法

销售员在与客户的前期沟通中，有时客户会有意无意地透漏出别人对自己的看法，而你恰好可以灵活利用这些第三方的看法，让客户承认自己的需求。比如，客户说"我朋友说我现在业务增多，经常外出见大客户，需要换辆档次稍高的车了”，你就可以顺势接着说：“是啊，您的这位朋友说得对，换一辆档次高的车对您洽谈生意或许还会有很大的帮助呢。我们店正好有一款车，不少做生意的老板都来买，要不您也看看吧。”这样一来，客户也就相当于承认了自己“想买辆档次较高的汽车”这个需求了，那么他们只需要考虑买或不买就可以了。

总之，销售员要采取合适的方法，让客户承认自己的需求，从而为最终的成交做好铺垫。

体验会令顾客早下决定

俗话说“百闻不如一见”，每个客户在做出购买决定之前都希望能够了解产品的用途、性能、造型、颜色、气味、手感等等，甚至希望能够亲自触碰、试用产品。了解到这一点，销售员应该让目标客户通过观摩、聆听、尝试、试用等方式，使其亲身体验产品或服务的品质和性能。如果产品能吸引顾客的感官，让他们感知到这个产品确实能够满足自身的需求，帮助他们解决问题，就会加深客户的感觉，使顾客消除疑虑，产生信任，并最终下定购买产品的决心。

著名推销员乔·吉拉德说过，每种产品都有自己的独特之处，只有让客户亲自体验产品，让产品做无声的介绍，默默地推销自己，客户才能真正感受到产品的价值，才能认可、信赖产品。同时，销售员也可以通过客户的体验找到客户的需求点，最终销售成功。

大黄是一名优秀的厨房灶具销售员，他为人热情，业务精湛，所以每次遇到有意向购买的客户，他总能销售成功。一次，在一个商场内开展的厨具推销活动中，他精彩的演说很快就吸引了众多人的围观，现场氛围热烈，并且已经有几名顾客跃跃欲试准备购买了。这时，他的一位邻居也正好路过，就问他：“大黄，既然你说这套厨具这么好，为何你们家不用呢？”

大黄笑着说：“这个问题啊，我们公司的厨具质量当然是无可挑剔的，我其实一直都想换一套用的，但是因为最近经济比较紧张，花钱的地方太多，所以一直没有闲钱更换。”

听大黄这么一说，原本打算购买的顾客也变得犹豫了，他们都纷纷改变了主意，说：“既然你都不用你们公司的产品，你说的话我们又怎么能相信呢？”

大黄听了觉得确实很有道理，心想：“是啊，我作为销售员自己都不使用自己的产品，又怎么能够说服顾客来放心购买自己的产品呢？”于是，当天下班之后，大黄就立刻刷信用卡从公司购买了一套价格最高的厨具。从此之后，他在和顾客交流时，总不忘提及自己家里也使用着公司的厨具及使用感受，这样的演说无疑增加了产品介绍的说服力度。

在上面案例中，大黄原本认为靠自己能说会道的口才就能把产品推销出去，但实际上，人们在做购买决定的时候所关注的往往不只是这些，人们还要从销售员那里获得使用产品后的真实感受，从而提高其购买产品的信心。

伯恩德·H.施密特在《体验式营销》一书中将不同的体验形式称为战略体验模块，并将其分为五种类型。

1. 知觉体验

即感官体验，将视觉、听觉、触觉、味觉与嗅觉等知觉器官应用在体验营销上。

2. 思维体验

即以创意的方式引起消费者的好奇、兴趣，对问题进行集中或分散的思考，为消费者创造认知和解决问题的体验。

3. 行为体验

即通过增加消费者的身体体验，指出他们做事的替代方法、替代的生活形态与互动，从而使消费者被激发或自发地改变生活形态。

4．情感体验

即体现消费者内在的感情与情绪，使消费者在消费中感受各种情感，如亲情、友情等。

5．相关体验

即以通过实现自我改进的个人渴望，使别人对自己产生好感。这种体验使消费者和一个较广泛的社会系统产生关联，从而建立对某种品牌的偏好。

因此，销售员在销售工作中要善于引导客户亲自参与销售和示范工作，把选择的主动权交给客户，销售员只需站在一边加以指导和说明就可以了。实际上，在工作中，那些有经验的销售员会时时让客户摸到、看到实实在在的商品，比如汽车销售员在向客户推销时，就会让顾客亲自坐上驾驶座，开关一下车门，摁一下喇叭，听听发动机的声音，等等，让客户亲身地、真实地感受到汽车的性能。

当然，并不是所有的产品都适合让客户亲自体验，有些商品和服务是无法让顾客真实地去触摸和感受的，比如，推销“新马泰十日游”，销售员当然没有办法将那些旅游景点一一搬过来让顾客感受和触摸，那么又如何让顾客积极地参与进来呢？销售员虽然无法让顾客看见、摸到，但却可以调动顾客的想象力，通过自己具体的、生动的、绘声绘色的描述，让美好的东西在顾客的脑海中具体化，使其产生身临其境的效果，这样等同于使顾客参与进来，使顾客“看”到你说的话。人的想象力是很丰富的，只要你能够用巧妙的方法去激发，就能够让人产生似乎亲身经历般的感觉。

巧用数据增强介绍的说服力

在销售行业中有这样一句话："销售永远是一个相关数字的游戏。"不管你如何口若悬河，有些时候，花言巧语往往抵不上几个数字的力量。因为，数字比文字更具有客观性和权威性。

在了解客户心理需求的情况下，如果你能用详细、精准、恰当的数字旁征博引，那么客户就会看到你的专业和权威，由此更加相信与你的合作是正确的、明智的。

客户："这个产品的功能基本上符合我的要求，不过我对质量还是有些担心。"

销售员："这个您放心，我们做过试验，我们公司的产品可以连续使用6万个小时而无须保养。"

客户："哦，是吗？"

销售员："是的，我们的产品在生产中有8道工序，每道工序都有专门的检查小组进行质量检验。正是由于质量有保证，我们的产品已经在全国20多个地市销售了100多万台，而且还没有发生退货事件。"

客户："哦，好，你们明天就给我送货吧！"

某楼盘售楼处，一位看房者打算采用贷款方式买房，可感觉月供较多，会对日常的生活造成影响，所以一时下不了决心。售楼顾问看到这种情形便说："先生，我刚才给您计算了一下，您的贷款按10年分期，月供1800元，合到每天才60元。根据您刚才说的收入水平，承受这个额度应该是完全没有问题的。"看房者听后，沉思了一会儿，觉得售楼顾问列出的数据很清晰，自己是可以承受的，便签了购房协议。

从上面的两个案例可以看出，使用精确的数据能够佐证销售员的产品描述，可以增强说服力，打消客户的顾虑。这就是数字的力量、数字的权威。

但销售员在引用数据时，要区分说话时机。如果使用不当，同样会造成不利的后果。比如，当你在为客户介绍产品时，如果过多地使用数据，会造成客户理解困难，加重客户的记忆负担，还可能让客户觉得你是在炫耀自己的专业知识，从而对你形成不好的印象。所以，销售员在运用精确数据说明问题的时候，也需要注意以下几个问题。

1. 数字就是独特卖点

只有用准确的数字去为你的产品和服务做"代言"，用其突显出你的产品的独特性，客户才会心动，才会最终选购你的产品。

2. 保证数字的真实性和准确性

数据的最大说服力来自于它的准确性和真实性。只有这样，才能引起客户的重视并增强客户对产品的信赖。如果客户发现你提供的数据不够真实和准确，甚至是虚假或错误的，那么不仅不会起到增强说服力的效果，反而会让客户认为销售员是在欺骗和愚弄自己，进而对产品本身的质量产生怀疑，这不仅会导致销售失败，还会影响企业和产品的声誉。

3. 借助第三者提供的数据来说明

销售员如果能够借助那些影响力较大的人物或事件来加以说明自己的产

品，不仅可以使列举出的数据给客户留下更为深刻的印象，还可以增加客户对产品的信任和重视程度，例如，“某500强企业××年开始采购我们公司的产品，到现在为止，已经和我们公司建立了8年零9个月的良好合作关系。”如此清晰的数据，让客户不得不相信你的话。

4. 配合其他手段

适当使用数据可以增强说服力，但如果一味罗列数据，就会显得过于晦涩、枯燥，不但让客户眼花缭乱，而且会让那些对数字不敏感的客户感到枯燥，甚至还会认为你在故意卖弄数据。所以，销售员要想使数据说明具有更强劲的说服力，就要选择合适的时机。比如，当客户对产品的质量提出质疑时，你可以用精确的数据来证明产品的优秀质量。当客户的疑问不太重时，用一些简单的数字说明即可，但要懂得适可而止，不要随意滥用数据。

另外，销售员也要实时更新自己的数据知识，因为不少相关数据是随着时间和环境的改变不断发生变化的，比如产品的销量、使用期限等。对此，销售员必须及时把握数据的更新和变化，力求提供给客户最准确、最可靠的信息，这样才能最终赢得客户的信任。

总之，在销售实践中，销售员适当地引用数据可以在很大程度上打消客户的疑虑，进一步赢得客户的信赖，最终有利于商品的成交。

用利益激发客户的欲望

与客户初次交谈时，销售员如果能够提及客户当前最为关心的问题，就会吸引客户的注意力。

第二次世界大战时，美国军方推出了一个保险计划：每个士兵每个月交10美元投保，如果在前线牺牲了，士兵的家属就会得到1万美元的赔偿。

本来军方预期士兵们都会踊跃购买，结果却鲜有人光顾。于是，一位连长把全连的战士召集在一起，向大家详细介绍了这种保险，然而士兵们还是无动于衷。这时候，一个参谋站起来对连长说："你让我试试。"连长点头答应了。

参谋站起来对大家说："弟兄们，我所理解的保险计划是这个意思，大家将会被派到前线去。假如你投保了，到前线后，要是你被打死了，你的家属将会得到1万美元赔偿；如果你没有投保，你被打死后，你的家属将不会得到这1万美元赔偿。请大家想一想，国家会先派哪类人上前线？"

听完参谋的话，全连士兵全部投保。

为什么士兵对连长与参谋两个人的介绍，做出的反应会不一样？因为参谋站在士兵的立场向大家阐述了投保的好处，用保险能给每个士兵带来更大安全吸引大家，从而激发了士兵购买保险的欲望。

同理，客户在选择购买产品时，也是基于产品能给他带来某种利益。企业老总关心的是企业的整体发展，生产部经理关心的是如何节约成本提高产量；中年女人关心的是孩子和家庭，年轻女人关心的是青春美丽；买衣服关心的是穿在身上合不合身，买家电关心的是节能环保与安全等。如果客户并不知道产品对自己有什么用，一般是不会产生购买欲望与兴趣的。那么，我们在为客户介绍产品时，怎样才能更好地用产品带来的利益吸引客户呢？

1. 特征优势法

（1）产品特点，指产品具有的一些特征，包括功能、数据和信息等可从多个角度显示产品的特征。

例如："这款笔记本的显示屏采用了逐行扫描的技术。""这款音响具有全中文触摸控制屏。"这是一些电脑终端销售员熟悉的专业术语，这些话对于消费者很难形成较大的冲击性，你不如换一种表述方式，"这款笔记本看大片完全没有任何问题。""这款音箱听音乐效果简直棒极了。"这样，在你描述完产品特征后，客户会更感兴趣。

（2）产品优点，指产品特征所具备的某些优势，每一个特征都可以引申出相应的优势。

例如："这款笔记本的显示屏采用了逐行扫描（特征）的技术，这样它显示的图像会非常稳定（优点）"。"图像稳定"是这个产品特征所引申出来的优点。

"这款音响具有全中文触摸控制屏（特征），这样操作将会非常方便（优点）"。"操作方便"是这个产品特征所引申出来的优点。

在获悉产品优点后，客户可能会想这些产品优点能给自己的生活带来的种种便利。作为一个优秀的销售员，在进行产品介绍时，会把话题定位在产品能给客户带来的好处上，给客户一个感性的结论。

（3）给客户带来的利益。我们再接上面的话题："这款笔记本的显示屏采用了逐行扫描的技术（特征），这样它显示的图像会非常稳定（优点），对您的眼睛将有很好的保护作用（利益）。"

“这款音响具有全中文触摸控制屏（特征），这样操作将会非常方便（优点），相对按键式开关还可以延长音响的使用寿命（利益）。”

在销售工作中，有不少销售员在面对客户时，大多是着重介绍产品的特征或优点，却没有引导出产品带给客户的好处。如果能明确产品给客户带来的好处或者利益，就一定能激发客户的购买欲望，并促成交易。

2. 产品介绍之“加、减、乘、除”法

（1）加法：如果客户购买，会带来哪些益处。

例如：“这款笔记本的显示器采用了逐行扫描的技术，这样它显示的图像会非常稳定。”（健康笔记本）

（2）减法：如果客户不购买，会带来什么弊端或难处。

例如：“如果您整天面对着一块显示效果不好的屏幕，那将对您的眼睛造成多么大的伤害啊！”

（3）乘法：利用人们的从众心理，加以影响。

例如：“许多像您这样的白领，都很喜欢这款笔记本。”

（4）除法：利用化整为零法，淡化价格问题，使客户更容易接受。

例如：“不到5000块钱的高性价比，即使用2年您又换了更高级的产品，这款笔记本每天的使用费才不到0.7元。如果笔记本的显示屏显示效果不好，而对您的视力造成伤害，那可就太得不偿失了！”

实际上，客户在了解产品能给自己带来的利益后，购买欲望会增强。所以，优秀的销售员总是能够很快用利益吸引住客户，比如销售保险的销售员对客户说“您想被保险公司赔偿100万元吗？”即使有些客户不相信、嗤之一笑，或者认为对方在开玩笑，但都会被这样巨大的利益所吸引住，从而产生想要进一步了解一下的欲望，如此一来，销售员就多了一次销售的机会。

总之，销售员要把产品能带给客户的利益，通过有声有色的描述，清晰地传达给客户，从而激发客户购买的热情。

自暴其短，更显真诚

无论面对什么样的客户，销售员都应把自己推销的商品的优点和缺点对他们如实相告，以获取客户的赞许和信任。

霍尔默是美国地产界的大亨。有一次，他公司的一块土地买卖意外受阻，其原因是这块土地虽然靠近火车站，有着交通便利的优势，但又紧挨木材加工厂，这表明它将会产生人们难以忍受的电锯的噪声。

在最初的几次业务洽谈中，霍尔默都将实情瞒住，但最后到实地考察时，客户知道实情后都选择放弃购买。后来，霍尔默先生一改原先的工作方法，在找到了一位想购买地皮的客户后，他首先就实事求是地告诉客户说："这块土地处于交通便利地段，比起附近的土地，价钱便宜得多。当然，这块土地之所以没有高价卖出，是因为它紧挨着一家木材加工厂，噪声较大。"见客户沉默不语，霍尔默先生又说："如果您能容忍噪声，那么它的交通条件、价格，均与您的要求相符合，确实是您要购买的理想的地方。"

不仅如此，霍尔默还亲自带领该客户到现场实地考察，考察完后，该客户非常满意。他对霍尔默先生说："上次您对我特别提到噪声问题，我还以为很严重，通过考察后，我发现那种噪声对我来说不算什么问题。我原来住的地方整天重型机车来往不绝，可这里的噪声一天总共才几小时，再说电锯开动时并不震动门窗，总之，我很满意。您这个人很老实，要是换上别人，或许会隐瞒这个事实，光说好听的。您能如实相告，反而让我很放心。”如此一来，霍尔默先生顺利地完成了这笔令人棘手的地产买卖。

由此看来，在推销商品时，光有一副好口才，一味地“王婆卖瓜，自卖自夸”，未必能让客户信服。

俗话说：“金无足赤，人无完人。”对于产品而言，一定的产品，会有一定的功能。尽管客户在购物时，总希望产品能带给自己的便利越多越好，但他们知道：任何产品都不可能是完美无缺的，购买其实就是利益最大化、缺憾最小化对比以后的结果。

所以，对于聪明的销售员而言，适当地解释一下产品的不足之处，接着主动打消客户的顾虑，再强调产品的优势，往往会有意想不到的结果，也更能赢得客户的信赖。

在现实中，一些销售员为了尽快提升业绩，在介绍产品时，往往说得天花乱坠，而对于产品的不足之处总是百般隐瞒，就算客户发现了，也总是不敢承认，这样很难赢得客户的信任，业绩也势必难以增长。

优秀的销售员往往会理性面对产品的不足，主动向客户承认一些产品的“小缺点”，既可以主动消除客户对“被忽悠”的疑虑，又可以让客户觉得你真诚、善意。

1. 坦诚更易获得客户信赖

销售员如果一味强调商品的优点，把商品说得太过完美，无疑有“王婆卖瓜，自卖自夸”的嫌疑，就会令人产生怀疑。主动谈及产品的缺点，只要这种缺点不是至关重要的，反而会使客户觉得销售员诚实，是值得相信的。

2. 善于利用缺陷提升交易的概率

任何一件商品都存在或多或少的缺陷，如果能够很好地加以利用，反而可以提升交易的概率。比如，有些产品虽然款式老旧些，但功能强大，并且价格很便宜，这对于一些讲究实用的客户来说，倒可以成为一个卖点。

3. 陈述产品缺陷也有技巧

销售员可以主动说出一些有关产品不足的地方，不要等着客户去发现、质问。但谈产品缺陷问题时一定要谈无碍大局的，合情合理的，这样对方才会认同。比如，你在销售汽车时告诉客户“刹车存在故障，可能会出现难以刹车的情况”，相信客户肯定不敢买这辆汽车了，因为对于汽车来说，刹车故障是致命的；而你要是说“这辆车出厂时没有安装导航仪，不过如果您需要安装，咱们店可以帮您安装”，这样的问题一般不会影响客户的购买决心。

此外，对于一些诸如商业机密的事情等不方便透露给客户的问题，销售员可以这样回答：“这些产品开发细节问题，只有我们公司研发部门才有权利对外公布，作为销售员，我们对产品开发过程了解不多，不过对于您想了解的产品性能、质量等，我一定会给您做详细的介绍与演示。”一般而言，销售员如此解说，客户会表示理解的。

总之，向顾客说真话，坦然承认产品缺陷，并非是对销售员完全不利的，在与客户交谈的过程中，适当提及产品的缺点，有时候反而能够使客户因销售员的诚实而下定决心购买。

商品报价要留有余地

一般而言，当销售员向客户介绍完商品后，假如客户对商品确实有需求并决定购买，就会主动询问商品的价格。当客户提出商品价格的时候，销售员一定要给对方留出余地，学会巧妙回答。如果销售员提出的价格超过了客户的预期，且不给对方一点儿讨价还价的余地，那么即使客户真的想购买，最终也会因为价格因素选择放弃。

因此，销售员在给出价格时，一定要给客户留下可以议价的空间，让他们从这个议价的过程中获得心理满足。这样，最后成交的概率会大大提升。

一个女孩在逛街的时候，看上了一条漂亮的裙子。她非常想买，但在谈到价格时，店家坚持按照衣服标签上标的490元出售。小姑娘还想像往常一样砍砍价，但店家指着墙上的一个牌子说："您也看到了，我们这儿规定'谢绝议价'，确实是不能砍价的。"女孩听了店员的话，脸红了，便转身走了出去。

她又转到另一家店，看到了同款的裙子，店家的标价是590元。见到小姑娘停在这件裙子前，店家笑盈盈地迎上来说："小姑娘，喜欢的话，可以先试试，如果穿着好看，我们会有优惠的。"这样的态度明显勾起了小姑娘的兴趣，似乎刚才遭遇的不快也消散了不少。小姑娘很愉悦地拿起裙子进入试衣间，试穿效果很好。店家一直在旁边夸赞。于是，小姑娘决定问问价格。店家开始说标价590元，可以适当打个折扣，小姑娘还是坚持想让店家多优惠一些。店家笑着说："其实这条裙子也没多大的利润，但是看你穿着这么合适，这样吧，给你打八五折吧，501.5元，就收你五百吧。"

这个价格自然也不是小姑娘能接受的，她说："这个价格也高了。再优惠一些吧，给我一个最优惠的价格，我以后会常光顾的。"店家明显看出小姑娘是真心想买，于是没有在价格上一再坚持，说："好吧，你这个小姑娘，我还真不忍心拒绝你呢！不过跟你说实话吧，这套裙子进货价就比较贵呢，这样吧，495元，我就赚你一瓶水钱，这总可以了吧？这个价格可是最低了，不能再砍价了。"小姑娘一听，这价格比上一家还贵5块呢，但是5块算什么，对方已经一再做出让步了，自己再得寸进尺似乎也不太合适了，毕竟价格确实砍下来不少了，自己已经是这场讨价还价中的赢家。最终小姑娘以多花5块钱的价格买下了裙子，但是很明显她的心情是愉悦的。

这个小姑娘的购物经历可以告诉销售员一个道理，那就是很多客户并不喜欢一口价。哪怕你给出的价格的确是便宜的，也不如给他们一个讨价还价的空间，以便满足一下他们喜欢砍价的心理。

通常情况下，客户往往不相信销售员第一次给出的价格就是最低价格，所以，如果你不给他们留有议价的余地，他们便不会心甘情愿地购买。案例中第二个店家就明白这个道理。所以他的标价明显高于第一家，而且最终他的成交价格也比第一家多一些，可是他给客户的感受却是愉悦的，让客户觉得其很灵活也很爽快。而尽管第一家的产品价格较低，但是店家说话生硬绝对，毫无回旋的余地，让客户听着极不舒服，所以客户宁愿选择高价买第二家的，也不愿再踏进第一家的门。

一家食品加工厂与台湾客商华先生谈判协商大蒜生意。在第一轮洽谈中，食品加工厂报价每吨2300元人民币，而华先生认为大蒜的市场价应该是2100元人民币，而且自己公司进货量比较大，食品加工厂方面还应该给予更大的优惠。显然，双方对价格的确定是有差距的。三日后，双方再次坐到谈判桌前。由于大蒜收获期就要开始，食品加工厂方面如不马上确定合同事宜，后面的收购量等都不好确定，这对公司的运营极为不利，于是食品加工厂方面最终报价2150元，每吨降了150元。华先生听了食品加工厂方面的报价，又发出了一手“怪招”。他说：“我祖籍是山东的，你们能够每吨降下150元的报价，说实话这样的报价贵公司有可能亏损，做生意嘛，讲个来日方长，这样吧，每吨我多加10元。”

这一“怪招”，真出乎人的意料。等合同正式签字生效后，食品加工厂负责人问他，本已谈妥价格，为何又主动加价呢？华先生说：“我们双方日后还要长期合作，如果我有求于你们，我想你们是乐意尽力协助的。有些同行，斤斤计较，这样会使对方产生反感，也会对你设置重重关卡。虽然生意做成了，但并不愉快。表面看是赢家，那样因小失大实际上是输家。”这样的见解果然独到！

做生意，是为了赢利，华先生虽然在谈判中失点利，但是最终会获利更多。因此，销售员在谈判时一定要把目光放长远，看重长远的利益，即使暂时失去眼前利益，也不要太在意。但不乏有人鼠目寸光，只看重眼前的利益，因而丢失了将来还可能存在的合作机会。

那些杰出的销售高手通常会在第一次与顾客签单时，就为后面的合作埋下“伏笔”，这叫提前预留感情资本。而且，即使第一次合作没有成功，他们也会对对方提出感谢，给对方留下极佳的好印象，为双方以后的合作打下良好的基础。

那么，销售员应该怎么做呢？

1. 从客户的心理价格出发报价

客户在购物之前都会有自己的预算，或者也会对自己要购买的商品有一个大概的价值评估。销售员如果在销售过程中能从侧面探寻出客户的预期价格，自然就可以在准确报价的同时满足客户的心理预期，促进成交。

2. 适当让利

在销售中，最常见的让利行为就是产品的低价处理或者捆绑销售，抑或“购物狂欢节”等形式。让利不仅仅能让消费者得到实惠，而且能吸引更多客户，从而聚集了人流，提升了商场的知名度，这对提升销售业绩意义重大。但是，无计划的低价销售，有时也会给客户留下不良印象，使其失去对低价产品的信心。所以，在采取低价政策时，也要采取确保总体应有适当利润的方针，同时要明示减价的原因和条件。

3. 给客户折扣价格

对某商品或者服务的直接价格打折扣，如九折优惠，特价销售等，都是直接折价的促销方式。

通过打折，客户可以清楚地知道该商品究竟便宜了多少。如果确实优惠，这种方式能够较强烈地吸引客户的注意力，并刺激消费者做出购买决定，或者增加客户的购买数量，或者改变购买时间（提前购买），或者提升购买频率。这样的折扣会让客户对产品与商家产生认同与依赖，而且无形中又开发出了新的回头客，这对产品的长远发展是非常有利的。

总之，精明的销售员在与客户的沟通中会洞悉客户的内心，特别是在报价这一关键敏感阶段，更会时刻照顾到客户的内心感受。他们总会采取积极灵活的销售策略，在先了解客户对价格的心理预期的基础上，再提出合适的报价，然后灵活使用折扣、让利等手段，这样自然就容易留住客户，让他们最终选购你的商品。

第四章

应对客户——对什么样的客户说什么样的话

- 俗话说：“人上一百，形形色色。”
- 销售员面对的客户有专断的，有随和的，有爱慕虚荣的……
- 面对人们迥异的性格，销售员要加强语言的针对性，

只有把话说到对方的心坎上，才能使接下来的销售活动得以顺利进行。

对专断型客户要服从

在生活中，我们经常会遇到这一类人，他们行事果断，态度坚决，简直就像一个统治者，喜欢独断专行，不愿意跟别人多说一句多余的话，当然也从来不会听从别人的意见或建议。

这类人考虑问题总是以自我为中心，希望别人能够认同和欣赏自己，更希望别人能够按照自己的意志去行事。在销售过程中，销售员遇到这一类型的客户常常十分头疼，这类人很难被你的言辞所说服，因为他们总是有着自己的想法和主意。

小白是刚刚从学校毕业的学生，经过公司层层筛选及培训后，被公司分配到了客户霍总这里做汽车用品的分销工作。听公司的老员工讲，霍总这个人特别强势，很不好相处，所以被同事们称为“刺头”。每次实地拜访或电话联系时，他提的要求总是最多，问的问题也总是最多，因此就连公司的老业务员也不敢轻易“碰”他。既然公司已经做出了这样的安排，小白就抱定了“打不还手，骂不还口”的原则，相信自己如此应对，客户就算再难缠也应该能搞定。

第一天，小白到霍总的公司，霍总告诉小白第二天再去谈。

第二天上午，小白再次来到霍总的办公室时，对方却劈头盖脸地说：“不是约你一早过来吗？看看现在已经几点了！”小白红着脸没有说话，但是心里想："看来这个客户工作还挺严谨的，以后要有时间观念了。"接着霍总给小白讲了他们公司的一些规章制度，安排小白先熟悉一下公司的环境，那做派俨然把小白当作自己的下属看待。

三天后，霍总安排小白与自己公司的业务员一起去二级市场做市场调查，在调查中小白发现了好多新问题。在调查结束后，小白和霍总聊了自己的所思所想。但是，霍总听了小白的建议后说："希望你把这些问题和建议用书面形式写出来，并且细化问题及其解决方案，不要流于表面，解决问题才是关键。"

小白一愣，心想："这个人怎么这样？态度冷淡也就不说了，怎么我好心给你提出业务改进的意见也这样颐指气使呢？"

在这个案例中，霍总就是一个典型的独断专行型的客户。其主要有两处表现：一是向小白宣布自己公司的规章制度，虽然小白并不是他的员工，可是他却霸道地安排小白的工作；二是小白不是他的下属，他却直接安排小白去做市场调查，甚至要求小白做书面的调查报告，这也说明了这个客户的霸道。

推而广之，这类型客户在选购商品的过程中，也往往不会说太多话，因而销售员不会得到太多的信息。但如果商品完全能够符合他的要求，他就会很快做出购买决定。在购买过程中，他们最多会提出这样的问题，比如"简单介绍一下产品的主要功能吧！""简单说说你的意见让我听听！""我觉得这个不合适，你能够帮我换一个更好的吗？"如果销售员不能对这样的问题给出确切的回答，那么他们基本会果断地选择离开。

在销售过程中，销售员要善于变换主客关系，把这类客户转换到主人的位置上，让客户自己来评判和选择产品。譬如，销售员可以说："先生，我看您很有主见和判断力，所以您喜欢哪种款式，想必早已心里有数了吧！"或者说："您对我们的产品了解得很清晰了，我想可以完全由您自己来选择，我就不用再多做介绍了。"这样就可以把客户推到主动的位置上来，让他自己说出自己的想法，既然是他自己所选择的商品，那么接下来的成交自然也就会顺理成章了。

但是，假如销售员在这类客户面前还采用一般的销售策略，只自顾自地给客户做介绍，甚至强制推销，那么客户的疑心就会加重，很可能会直接打断销售员的陈述，或者干脆提出很多问题来故意刁难销售员，以维护自己心中固有的看法，并极力排斥销售员，从而使自己重新处于主导地位。因此，对于专断型客户，销售员最佳的销售策略就是服从。比如，约见这类客户时，销售员一定要有时间观念，约好什么时间到就一定要按时赴约。在交谈中，要保持思路清晰，切忌拖泥带水，更不能闪烁其词或是词不达意。如果被他们发现你的话前后矛盾，那么你们的谈话只能以失败收场。在和这类客户交谈时，为避免发生不快或观点冲突，最好的方法就是不要和对方的观点对立或者在不恰当的时候提出反对意见，否则对方很容易因你的挑衅而恼怒，最终拒绝你和你的商品。

当然，销售员在面对专断型客户时，既要懂得满足对方的支配欲望，也要尽量减少与对方产生对立的情况，但还要适当地坚持自己的立场。销售员可采取以下策略有效应对。

1. 事先准备一套完整的应对方案

在销售工作中，销售员难免会遇到专断型的客户。首先，销售员要认识到专断型客户通常都是自信满满，思维严谨，立场坚定，办事迅速，所以你不要想着通过自己的说服去改变对方的想法，因为这类人对于他人的意见或建议很少采纳。基于这种认识，当在销售中面对这种类型的客户时，你要在恰当的时机将商品介绍给他们，让他们感觉到接受你的商品是他们自己的决定，从而有利于促成最终的成交。

2. 适应对方的谈话方式

专断型客户一般都会有些明显的口头禅，如“我认为”“我觉得”等，销售员在面对如此强势的对话方式时，要拿出十足的耐心，不能表现出一丝的不满，否则很可能导致客户的不快，进而导致沟通中断。

3. 满足客户的控制欲

一般而言，专断型客户都是在单位或团体中身居主位的人，他们所处的地位导致他们的主观意识非常强，处事喜欢以自我为中心，但是由于他们又有事情的最终决定权，所以销售员在与他们接触的过程中要注意适当满足其控制欲，以便沟通顺利进行，从而最终获得订单。

对随和型客户要热情

随和型客户性格开朗，容易相处。他们通常比较随和，乐于听取别人的意见及看法，有良好的沟通能力，给人以亲切的感觉，是很好的合作伙伴。在工作中，他们很少与别人发生冲突，虽然性格可能有些敏感，但是发生问题的时候，他们会尽量减少摩擦，也很少透露自己的真实想法。与这种类型的人相处没有压力，但是他们在销售关系中却是最难成交的客户。

销售员在与随和型客户沟通的过程中，说得最多的话就是“好”，无论什么都以“好”作为结束语，即使他们并不需要产品或并不能达到他们的需求，他们也会耐心地等销售员介绍完，因为他们喜欢规避冲突和不愉快。唯一说“不”的时候就是不买产品的时候。

高亮是德国某重型工程机械设备公司驻中国的总代理，最近他听一个业务伙伴说有一家公司正好需要他们公司代理的工程设备，于是他便根据业务伙伴提供的联系方式打电话询问对方公司的负责人。

高亮：“喂，您好，是王总吗，我是德国某重型工程机械设备公司驻中国的总代理高亮，听我的一个业务伙伴说，贵公司正在寻求几套大型的工程设备，我们公司代理的德国设备可是行业领先的，您对此一定也有所了解，如果您需要，我可以给您送一些材料过去，您看您什么时间方便呢？”

王总：“哦，是这样啊，那太好了，我们最近也正在讨论到底选购哪家设备呢，你这样的业内人士过来正好可以帮我们介绍介绍相关的产品知识，欢迎欢迎！你看明天上午我们谈谈可以吗？”

“好的，那明天上午我准时到！”听着电话那头王总热情的声音，高亮心情颇佳。

第二天，高亮早早地准备好了全部的材料准时来到王总的办公室。经过一番寒暄之后，王总开门见山地说：“不瞒你说，你已经是第三个厂家的人了。这样吧，我们直入正题，我就直接向你请教了。由于这些设备是我们新准备采购的，对于技术方面了解得还很少，所以我们尽量约请厂家的人过来谈谈，以增加对产品的了解，以利于做最终的决定。”

高亮说：“好的，有问题您尽管提，我们一定竭尽所能。那么，我先给您介绍下这套设备的情况吧。”说完，高亮把资料打开，平铺在办公桌上……

经过一个多小时的讲解，王总对产品有了大致的了解，说：“好的，谢谢你的介绍，我认为与其他厂家相比，你们的产品还是有优势的。这样吧，材料我就留下了，给我一些时间考虑一下，至于合作与否还要由我们这边技术部门的综合意见来决定。”

其后，高亮经常给王总打电话，对于他提出的有关设备的疑问也总是能够给出确切的解决之道。后来，王总亲自带领公司的技术人员来到高亮的库房实地参观那批设备，讨论设备的安装及运营等问题。最终，王总决定采购三套这样的设备。

随和型客户所期待的服务是要随时保持良好的沟通，希望得到一种被动的分享。但他们决策的时间很长，因为他们对于问题的恐惧程度比较高，不喜欢承担风险。因此，销售员在面对这样的客户时，既要有耐心又要给予其保证，使其放心，这样才可能促使交易顺利完成。上例中的高亮在做这单生意时，做到了及时沟通和主动联系，这对生意的最终促成起到了至关重要的作用。

对于随和型的客户，销售员一般不能太过急躁地频繁向其推销商品，否则容易引起他们的反感，因为随和型的客户害怕受到压力，更不喜欢受到别人的压迫。所以，销售员在同这类型客户建立联系之后，应该努力地配合客户的步调，慢慢地引导客户，用专业的语言给客户积极的建议，让客户了解自己对产品的需求，最终促成交易。

面对随和型的客户，销售员要顺利地推销出产品，需要注意以下问题。

1. 切忌强行推销

随和型客户购买商品一般都有很强的计划性，他们会为购买商品做好充足的事前准备，会在不同的地方问价，并对产品的品质做到心中有数。这就需要销售员在和他们沟通的过程中了解他们的需求，然后在此基础上，将自己的商品的优势、性能及报价提供给对方参考。如果能够对同类商品做个客观扼要的分析比对，那么对方就会非常满意。当然，如果你的商品确实处于市场末端，那么你将很难说服对方。

2. 尊重对方的选择

随和型的客户购买产品或服务时会考虑很多因素，所以不会轻易做出购买决定。在此期间，销售员要给予对方充分的思考时间，切勿催促，而对于对方的想法也不要轻易否定或怀疑。销售员可以以专业自信的言谈给他们积极诚恳的建议，这样客户最终会认识到你的诚意，并尽快做出决定。

对虚荣型客户要奉承

虚荣之心人皆有之。比如，人们总是喜欢与名人沾上关系，热衷于时髦服装，喜欢受到别人的表扬和夸赞，甚至不懂装懂，害怕别人说自己无知……这种虚荣心理在日常生活中十分常见。

在销售过程中，销售员自然也不可避免会遇到这类人。虚荣型的客户一般自尊心很强，比较好面子，天性骄傲。因此面对这一类型客户时，销售员要适当地满足其虚荣心，时不时说出一些赞美客户的话语，使得客户心情始终保持愉悦，并对所谈的话题感兴趣，愿意继续交谈下去，就容易使客户逐渐放松警惕及敌意。最终，既能赢得客户，又能将产品卖出去。

一位穿着入时、打扮时尚的年轻女士挎着一款精致的小包走进一家经营高档服装的服装店。

见有客户上门，店里一个年轻的销售员迎了上来。她礼貌地打声招呼："您好，女士，欢迎来我们这里选购服装。"

年轻女士没有回答，只是淡淡地笑了笑，便径直走向服装店的高档套装区。这名销售员跟在她后面也来到了高档套装区。

年轻女士在一套考究的黑色套装前停了下来。

身后的销售员见年轻女士在仔细打量这款套装，就介绍说："您真有眼光，一眼就看中了这款套装，这是刚从意大利采购回来的新品。衣料非常讲究，制作也特别精良，正适合您优雅的气质。”

听了销售员的恭维，年轻女士脸上露出了浅笑。

销售员见自己的恭维见了效，继续说：“我们店经营的服装都是高档服装，您看中的这款套装在我们这里算不上贵的，比它贵的有很多，但它的性价比是很高的。”

销售员一番似乎很是为顾客着想的话让年轻女士刚才还挂在脸上的笑容瞬间消失了，代之以愠怒的表情。她将手里的套装扔向销售员，说了句：“我觉得这套服装并不怎么好，就算是性价比很高的中档货，我也并不打算买它！”说完，转身扬长而去。

这笔交易之所以没有成功，与销售员没有恭维好这名年轻女士有直接关系。销售员的前一段话很好地恭维了年轻女士，使她感到很有面子，这可以从她的微笑中看出来。但销售员的后一段话却损伤了年轻女士的面子，让她很恼火。

人人都有虚荣心，没有人不喜欢奉承。正所谓“人人都喜欢戴高帽”，这个世界上最优美的语言就是奉承话了。

在日常消费中，客户的虚荣心理会表现得更明显。比如，很多经济条件并不是很宽裕的年轻人，在选购商品的时候依然倾向于选购比较高档的名牌商品，并且在销售员面前尽量表现得很富有。如果销售员夸赞他们有钱，那么他们为了证明自己确实有钱，就会消费得更多。这类客户最不能容忍的就是别人说他们没钱，买不起。如果销售员对其表示出轻视的态度，那么对其自尊心的打击将是致命的。

虚荣型的客户还不善于掩饰自己的心理，他们心里藏不住事，有什么话就会直接说出来。因此，面对这类客户时，你只要能巧妙地运用沟通技巧，那么很快就能知晓对方确切的购买需求。

小程是一家品牌皮鞋专营店的销售员。一次，店里来了一位穿着体面的顾客。他一进店，小程就迎了上去，说："欢迎光临，有什么能帮助您的吗？"

"我想看看皮鞋。不要系鞋带的，42号，有合适的吗？"来客是个爽快人，开门见山地说。

小程转身取来一双看上去很考究的皮鞋过来："先生，您看看这款皮鞋怎么样？新上市的，很时尚。"

"看起来还不错，我试试。"顾客说。

"嗯，不错，大小合适，穿起来也挺舒服。售价多少？"顾客前后看了看鞋，问。

"1899元，先生。"

"怎么这么贵？"

"是这样，先生，这款皮鞋是新上市的，所用的皮质很好，做工也非常精良，款式也新颖，是专门为像您这样的成功人士精心设计、打造的，您穿上它，更能衬托出您超凡的气质，依我看，正配您！"小程恭维道。

"是吗？好了，买了。"顾客做出爽快的样子。

小程无疑是个聪明的销售员，他恰到好处地恭维了顾客，让顾客的"面子"得到了充分的展示，讨得了顾客的欢心，使得销售顺利实现。

每个人都喜欢被恭维，虚荣型的客户尤其如此，他们更注重自己的面子，因此销售员应当给足客户面子，多说一些恭维话。

当然，赞美别人时也要适度。若是太过，既容易让客户产生不真实感，也会使客户对你的人格有所怀疑，从而对你产生戒备心理，赞美就会变得适得其反。因此，赞美时要把握分寸，这样才能让客户满心欢喜。

对炫耀型客户要恭维

炫耀型客户在购买商品时更加渴望的是得到心理的满足，希望通过购买来体现自身的价值、地位或者财富，这样的客户是经常能见到的。如果销售员能够及时地给予必要的恭维，就会让客户获得心灵的愉悦，而购买商品就成了顺理成章的事情。

喜欢炫耀的人，总是要在别人面前努力地表现自己，证明自己是有才能的、有钱的、优秀的，以此赢得别人的尊重和羡慕。

伊斯特曼是美国纽约知名的富翁，一次，他为了纪念他的母亲，决定在洛加斯达城捐造“伊斯特曼”音乐学校及“凯伯恩”剧院。埃特森是纽约辛纳格座椅制造公司的销售员。他在获知大富翁伊斯特曼准备建造“凯伯恩”剧院时，非常想得到该剧院座椅的合同，于是他费尽心思想和伊斯特曼见面谈。终于，他成功约到了伊斯特曼。

在伊斯特曼的办公室，埃特森先是做了自我介绍，然后一脸真诚、极其自然地说：“尊敬的伊斯特曼先生，在还没有和您见面的时候，我就在想您是在什么样的办公室工作的呢？那一定非同凡响！果真如我所料。您的办公室果真十分漂亮，漂亮得非同凡响，说实话，我从来不曾见过这么漂亮的办公室。您真是会享受！”

埃特森一边啧啧赞美着，一边走过去用手摸摸壁板，连着赞叹道：“这是英国最好的橡木做的，您真是太有眼光了。看这纹理多么精妙。”

伊斯特曼回答：“嗯，你眼光也不错，它确实是从英国采购的橡木。我幸好也略懂一些木料的好坏，所以这些是我亲自挑选的。品质还说得过去。”

随后，受了赞美的伊斯特曼高兴地领着埃特森看了他当初帮助装饰公司设计的房间配置、油漆颜色及雕刻图案等。当他们在室内夸奖木工的技术时，伊斯特曼走到窗前站住了脚，然后亲切地表明要捐助洛加斯达大学及市立医院等机关一些资金，用以表达自己的心意。埃特森不失时机地高度赞美了伊斯特曼这种慈善义举。

两个人边走边谈，从一进屋，埃特森对伊斯特曼的赞美就没停止过。埃特森的赞美很到位，既不过分露骨，又能让伊斯特曼感觉到。最后埃特森谈到了他的来意。他对伊斯特曼说：“尊敬的伊斯特曼先生，鉴于对您的敬重，我们的产品可以给您以最大的优惠，享受我们公司VIP最高待遇。”时至中午，他们还在滔滔不绝地谈着。最后，埃特森从伊斯特曼那里拿到了10万美元的订单。

每个人都喜欢被恭维，试想，有哪个人会让夸奖自己的人难堪呢？

这对于销售工作也有很大的借鉴意义。在销售工作中，销售员刻意多说一些恭维话，既能赢得客户，自身又不会有什么损失，何乐而不为呢？

炫耀型客户内心基本不会有什么秘密，他们不善于掩饰，因为个性使然，他们有什么信息都会拿出来炫耀，因此，销售员在面对这类客户时，只要能巧妙地随时恭维他，并了解他真正的需求，那么最终从引导到销售成功的概率也就大很多。

对此，那些精明的销售员在面对这类客户时，会把恭维运用到极致，他们不会直接恭维客户，而是会把恭维的话语放在比较隐喻的方面上，如在客户面前赞赏与客户相关的事物。这样做的效果是，表面上你是在赞赏客户的一些东西，实际上等于在恭维客户。

不可否认，销售员一定要学会恭维，当然恭维也要真诚，不恰当、不切合实际的恭维只会有不良的影响。因此，在恭维时，需要注意以下两点。

1. 以事实为依据

恭维的内容必须是确有其事的，而且是客户在乎的东西。如果只是拍马屁或者恭维一些无中生有的事情，客户就会感觉你这只是为了成交所说的谎言，从而对你产生极为不利的坏印象。

2. 讲求适度

销售的最终目的是要说出你推销的商品，并把它推销给客户，适度恭维可以促进这一目的的实现。如果销售员偏离这一主要目的，一味地恭维，那么推销也就失去了意义。

对精明型客户要真诚

精明型客户通常知识水平比较高，他们在选购商品的过程中一般表现得比较冷漠、严肃。他们虽然与销售员见面也寒暄、打招呼，但总会保持恰当的距离。他们对销售员的观察也非常仔细，并能从销售员的言行举止中发现问题。当销售员在进行产品说明时，他们看起来好像心不在焉，其实在认真听，以判断这些说明的可信度。精明型客户对自己的判断都比较自信，一旦销售员出现什么差错或者漏洞，就将直接影响客户的购买决定。

精明型客户讨厌欺诈和造作，比较容易接受真诚和坦率。即使你的商品不是市场上最好的，但是你能够实事求是地向客户坦白，客户也会接受。这是客户心理的一个突破口，销售员可以好好利用。因此，在精明型客户面前，销售员最好避免说话夸张或说话不切实际。

客户："又是推销保险，这个我真的不需要。以前的人都不买保险，不也活得好好的么？"

销售员："您说得没错，以前确实是这样，但在那个年代毕竟家族的力量还是比较大的，一个人出了事，家里的亲戚、朋友都可以提供帮助，但是现在就不同了，家族成员一则减少了，二则大多居住在不同的城市，就算他们愿意施以援手，恐怕也会力不从心的，因此还是有一份保险为生活保驾护航更好些。"

客户："虽然你说的有道理，但我认为同保险比较起来，手上多存钱更能解决实际问题，不是吗？"

销售员："但是单纯存钱要给家人存多少才能保障他们的生活呢？而且，如果买一份保险，让钱生钱，岂不是两全其美？"

客户："你的话倒是有些道理。"

上面案例中的客户属于典型的精明型客户，他们对自己需不需要保险做了理性思考，在销售员做了有理有据的解释之后才解开了心中的疑惑。

精明型客户有很强的分析能力，他们很谨慎、很挑剔，看起来让人觉得难以接近和沟通，其实细分析起来你就会发现，自我保护的心理谁都有。只要彼此真诚相待，双方的心理距离就会缩短。真诚和热心是消除隔阂的最好武器，特别是对销售员而言，更要积极运用。

对于销售员来说，精明型客户可能在前期是属于比较难缠的对象，销售员可以先围绕客户关心的主题，以逻辑性的语言说明产品的价值，消除客户的疑惑，让客户充分认识产品的优势以及给他们带来的利益，用产品或服务的真实利益打动客户。一旦他们开始与你展开合作，那就代表你取得了他们的信任。当然，在他们成为你的固定客户后，你也不能懈怠，因为他们有善于观察的本性，如果你有丝毫怠慢或者欺骗的成分，那么合作就会戛然而止，并且很难有补救的机会。

总体来说，与精明型客户的合作不能过于着急，也不要总是一味地"损人夸己"，对待自己的工作只要尽职尽责即可，这就可以给客户留下一个可靠的印象。最重要的是，万事以规范为主，只要你做事的方法符合他们的规范要求，那就意味着你已经取得了他们的信任。

对专家型客户要求教

“我应该怎么办？”“您认为如何？”“我无法知晓其中的奥妙，您能告诉我这是怎么回事吗？”——面对这些提问，你的感受是什么？相信你的心情会为之一悦。因为这种请教就意味着自己比请教者高明，这相当于变相赞美自己的能力、知识高人一筹，你又怎么会不高兴呢？

因此，在销售工作中，销售员要在适当的时机向客户请教创业秘诀、独特的企业文化、个人优秀的才能以及管理方面独特的经验等。这将非常有利于改善和客户的关系，获得客户的好感，对销售工作的开展也是极为有利的。

亨利是美国西雅图一名二手汽车销售员。一次，他带着一位有购买需求的客户看他销售的二手车。可是这位客户很挑剔，不是说这辆车车型不好，就说那辆车有伤痕，或者说这辆车价格太高。很明显，在这种情况下，亨利很难成功销售自己的汽车，因为客户总能找到这辆二手车的不足。

几天之后，另一位客户开来一辆旧车让亨利帮忙销售。看过车之后，亨利想起了那个难缠的客户，他知道这辆二手车可能会让那位难缠的客户动心。于是，他约来了那位客户。一见面，亨利就对那位难缠的客户说：“通过上次的接触，觉得您在鉴定汽车价值方面，绝对是一位毋庸置疑的专家，我从事这个行业这么久了，都没有见过一个像您一样对汽车价值评估得精准的人。现在这有一辆新开来的二手车，请您帮忙看看，试试它的性能，然后帮忙鉴定下这辆车标价多少才合算。”

难缠的客户脸上浮起笑容，应允了亨利的请求。他开了一圈那辆车，回来后对亨利说：“如果别人能以800美元买下这辆车，那应该是十分合适的。”

“哦，多谢，那这样，如果我以这个价格把它卖给您，您看如何？”亨利问。

“嗯，可以，完全没问题，这辆车，这样的价格，我很愿意接受。”难缠的客户这样说道。

就这样，亨利利用请教的技巧，讨得了客户的欢心，成功地把一辆二手车卖了出去。

再看下面这个例子。

加利福尼亚州一家最有实力的医院为了满足日益增多的患者的需要，准备购进一批X光机。院方把这项采购任务交给了医院照射科的一位主任。于是，照射科主任整天被X光机的销售员包围。这些销售员一味夸奖他们销售的机器设备如何好。其中有一个销售员见竞争激烈，想出了一个更好的办法。

一天，他设法见到这位主任，对主任说：“您好，谢谢您在百忙中听我说话，我们公司生产出一套新的X光机，我不说它是十全十美的，它肯定有不足之处，因此我们想更好地完善它、改进它，可我们不知如何着手，因此，想请您抽空看看它如何改进，才能更有利于您的这一行业要求，您的宝贵意见定会让我们如获至宝，对我们改进它大有裨益，为此，我们深表谢意。当然，我们知道您非常忙，所以我们会在您感觉方便的任何时候恭候您。我们非常想听到您的指教。”

这位主任听后，脸上露出高兴的神情，说：“谢谢您这么说，这让我感觉我很重要，到目前为止，还没有任何一个X光厂商向我请教设计方面的问题，而您是第一位。的确，这一段时间我非常忙，但为了您这份信任，我决定推掉明晚的私人约会，去看您的机器。”

第二天下班后，这位主任信守承诺，随着这位销售员去看他们所说的X光机。在看过机器后，主任高度肯定了机器，并认真地提出了几点意见。最后，主任决定从这家厂商购进一批这种型号的X光机。

不可否认，对于他人的请教，绝大多数人都是欢迎和心理愉悦的，因为这从侧面反映了自己的价值。所以，在销售工作中，当带着真诚的态度以请教的口吻向客户请教时，销售员多半会获得对方的欢心，从而为下一步销售活动打下良好的基础。

对沉默寡言型客户要体贴

沉默寡言型客户的典型特征就是不爱说话、面无表情，不轻易表露自己的想法。这类顾客在选购商品的过程当中，总会精挑细选，甚至久久拿不定主意，这样就使销售员的工作很难展开。特别是销售员上门推销的时候，他们更会提高戒备心，时时处处小心，对销售员态度冷淡，说话甚少。销售员问一句，他答一句，不问就不答，致使交谈的氛围比较沉闷。

一天，一个打工族模样的小姑娘来到手机店里。柜台里的一名销售员赶忙上前招呼，并再三给她推荐手机。在这名销售员滔滔不绝的产品叙述中，小姑娘明显有些窘迫不堪，甚至涨红了脸，紧张的情绪让她根本就没有听清销售员刚才说了些什么，却还是静静地听完，没有多说什么，而那位销售员在做了几款手机的说明介绍之后似乎也无计可施了。

这时，店里的另一位女性销售员走了上来，她通过刚才的一幕判断，这个小姑娘心中肯定已经确定了某一品牌的手机，只是因为型号或者价格等因素还没有最终决定。于是，这个女销售员对小姑娘说："你是不是计划好了要买哪一款手机了，跟我说说，如果觉得价格不合适，可以给你适当优惠，先到这边坐吧，这边比较安静！"小姑娘这才如释重负地坐了下来，并告诉了她自己的想法。这位女销售员按照小姑娘的想法推荐了一款适合她的机型。

在推销活动中，很多销售员只知道用语言向客户描述产品，并且大部分时间都是他们占主导，很少给客户以思考的时间，这样的推销方法并不适用于所有客户。与沉默寡言型客户沟通时，有时候需要用一种“温柔的”态度面对他们，只需提供详尽的信息资料，然后适时地保持沉默，给客户和自己都留有思考和回旋的余地，这样合作会更容易达成。

1. 察言观色

销售员可以通过客户的表情、眼神、外貌特征、行为举止等判断其想法，揣摩其内心，找到其关注点，这样也就有了可以交流的话题。

2. 微笑应对

不管客户有多冷淡，销售员都要有耐心，并用热情和真诚的微笑去化解客户的负面情绪，激发其沟通的积极性和主动性。

3. 客观说明商品

向沉默寡言型客户做商品说明时，销售员要小心谨慎，表现出你的诚恳，还要说得全面一点，绝不可粗心大意。介绍完商品之后，客户会进行思考，这时你就要适时闭嘴，等他再次向你发问时，你再回答他的问题。与此同时，还可以说些商品的优点，使他对商品产生更大的兴趣，这样成交的可能性就会更大一些。

4. 营造良好的沟通氛围

沉默寡言型客户最大的一个特点就是任凭你口若悬河、引经据典地评说，他们依然气定神闲、无动于衷，仿佛在很认真地听你讲，但似乎又心有所想。销售员应着重介绍产品功能和价值上的特殊性，从而引发客户的好奇心，将客户的注意力引到产品上来，顺势将产品的实际功能演示给客户，使客户对自己的介绍完成从虚拟到现实的感知，从而提高对产品的认同感。

对犹豫拖延型客户要给他营造危机感

在与客户沟通时，销售员会发现一些客户表现出一副犹豫的样子，情绪时好时坏。即使销售员已经把产品以及服务等各方面的信息介绍得很全面，而且对方并没有表示出多大的异议，可就是在签单的关键问题上一再拖延，总爱说“我再考虑考虑”“我再问问别人”“我回去再想一下”等，就是不能下定决心。这样的客户，我们称为犹豫不决型的客户。这种类型的人在购买商品时最大的特点就是疑心较重，爱挑剔。他们做事一定要经过认真分析，注重事实和数据，追求准确度和真实度。遇到犹豫不决型的客户，你要学会用适度强迫的方法促成交易。

有一位中年女士对着一件蓝色的连衣裙看了又看，于是销售员从产地、质地、做工、样式等方面介绍了半小时后，这位中年女士还是表现出一副犹豫不决的样子。

销售员：“姐姐，看得出来你非常中意这件连衣裙，请问你还有什么疑虑吗？”

中年女士：“你说的确实不错，这衣服很好，我也确实很喜欢，但我还想回家征求一下我老公的意见。”

销售员：“其实这件连衣裙和你的肤色真的很配，相信你老公看到你穿这件连衣裙也会非常高兴的。”

中年女士：“是啊，所以我才要询问一下他的意见啊！”

销售员："觉得你先生会对这件连衣裙哪里不满意呢？"

中年女士："嗯，或许是这个V领吧，我还从来没有穿过这种领子的连衣裙呢，我怕老公不喜欢，所以还是问问他比较好些。"

销售员："或许你考虑的是对的，不过今年特别流行这种V领的连衣裙，不如你现在试穿一下，看看效果如何，如果好，干脆今晚就给你老公一个惊喜，不是更好吗？"

中年女士："好吧。（试穿之后站在试衣镜前）你觉得怎么样？看起来还行吗？"

销售员："你觉得呢？这件连衣裙因为选用了天蚕丝，所以垂感特别好，款式也是今年最新的，非常符合您的气质，我建议您直接穿回去吧，您的先生见了一定会眼前一亮的！"

中年女士："嗯……好吧，那就给我开票吧！"

在上述案例中，中年女士本来对连衣裙是非常满意的，但还是犹豫不决，要回家和丈夫商量一下，而销售员及时了解了她的担忧——V领或许会引起丈夫的不悦。然后销售员通过引导中年女士试穿之后，最终消除了她的担忧。

实际上，客户的犹豫不决来自于对产品的不够肯定，所以销售员要始终给予客户肯定的启发，帮助其消除疑虑。然后通过自己真诚和良好的服务去赢得对方的信任。

面对犹豫不决型的客户，销售员要学会通过客户的种种表现，自信地对他们做一番深入地分析。只有把握住客户的心理，采取适当的对策，才能俘获客户的心。

当然，现实中的情况会复杂一些，以下是一些经验丰富的销售员针对犹豫不决型客户所提供的几个"逼单"的方法。

1. 恰当使用"二选一"策略

在销售实践中，当准客户出现购买迹象，却又犹豫不决时，销售员就可以采取“二选一”策略。比如，你可以对准客户说：“请问您要那套黑色西装还是浅灰色的？”“请问是周四还是周六送到您家里？”这种“二选一”的技巧只要准客户选中其一，成交也就是必然了。

2. 假定客户已经同意签约

犹豫不决型的客户通常有购买意向，但总是不能下定决心购买产品。此时，你可以试着采取这个方法：强行主导客户的思维，并对其进行诱导，进而完成签约。比如，客户明白某产品肯定是有益于公司的发展的，但是由于欠缺这方面的知识，所以表现出犹豫不决的样子。此时，销售员可以抓住时机对客户说：“×总，您可以先做一下尝试，看一下效果，再根据实际效果来决定是否继续订购我们的产品，这样做更保险一些。反正花费也不高，您觉得呢？”这样的建议实际上是把客户的思维直接引到销售员这边了，此时客户考虑的问题就不是做不做的问题，而是怎样做才好，合作事实上已经达成。

3. 解除客户的疑虑

有些客户即便已经决定购买产品了，但也不会迅速签下订单。他们时常会在一些细节问题上琢磨，从而延误签单的时间。遇到这种情况时，销售员应该迅速转变说服策略，询问客户相关问题，给予客户最为清晰的解答，一旦所有的问题都解决了，客户决定签单的时间也就到了。

4. 欲擒故纵

有些客户已经对你的产品有了兴趣，所有关于产品的细节问题也已经得到了满意的答复，可是本性使然，就是拖拖拉拉不签单。此时，销售员不妨试试欲擒故纵。销售员可以装作时间紧迫要走的样子，慢慢地收拾自己所有的东西，在收拾东西的这一小段时间内，这类客户可能就会下定决心签单。需要注意的是，这种方法要在适当的时间和场合才能运用，不然很容易被同行钻空子，从而导致机会白白流失。

对标新立异型客户要彰显个性

标新立异型的人通常特征明显，衣着时尚、潮流。他们比较喜欢时尚、前卫的东西，有着敢于尝试的勇气以及另类的信念和品位，喜欢让自己变得更加独特，喜欢脱颖而出。这类人在选购商品时，总是喜欢比较另类、新颖的东西。这类客户大多拥有较为强烈的好奇心，并乐于接受新事物。他们之所以购买那些比较另类的东西，一方面是因为自己的爱好和兴趣，另一方面则是因为一种追求独特的心理，希望得到别人的重视，通过不一样的服饰或者装扮使自己显得与众不同。

在与这类客户沟通时，他们大多会表现得比较健谈，谈话时眉飞色舞，还会伴随丰富的肢体语言。这类客户似乎根本不会注意商品本身的质量及特性，他们更关心的问题是谁在用它，是否是最新产品，科技含量怎样等问题。如果他的朋友或者同行业的竞争者在用你的产品，那么，他很可能也会购买你的产品，因为这类客户往往会把这种购买行为看成是体现其地位以及身份的象征。

一位打扮时尚的年轻女士来到服装店，想买一件风衣。转了一圈，她发现一件设计比较时尚、个性的风衣，于是便走上前摸了一下这件衣服。销售员见状就走上前对她说：“小姐，您也喜欢这款衣服么？好多人都喜欢这种款式呢。您可以试穿一下，我看您的身材比较高挑，这件衣服一定更能显出您优美的身材。”

“哦？是吗？”年轻女士听了这话以后，沉默了一下，然后微笑着对销售员说，“不，算了，我想我还是不要了吧！我不想和太多人穿一样的衣服。”

很明显，案例中的年轻女士属于标新立异型的客户，穿着讲究与众不同，这种类型的客户最不能容忍的就是和其他人穿着一模一样的服装。试想，面对着这样的客户，销售员却以“好多人都喜欢这种款式的呢”增加说服力，生意又怎能不泡汤呢？

所以，销售员在和客户沟通的过程当中，要善于从客户的言谈举止中发现其心理倾向，然后再针对其心理态势寻找突破口，使客户被你独特的产品和服务所吸引，成交也就变得更加容易了。因此，面对标新立异的客户，销售员要注意采用相应的应对策略，这样才会有更好的收效。

1. 改换谈话地点

销售员一般都是选择去客户的办公室或者家里拜访，这些地方是客户生活的中心点，自然很难引起他足够的注意力。不如适当改换谈话地点，如把会面的地点换在咖啡厅、茶艺馆等地方，或许会因为那里比较典雅的氛围而激起他们深入沟通的兴趣，也为你的销售工作做一个良好的铺垫。

2. 改换沟通方式

销售员在和这类客户沟通前，如果对对方的工作、爱好等情况予以掌握，然后在沟通时，适当表现你的口才和学识，让对方觉得你知识渊博，就可以引起他们对你潜在的崇拜。

总之，在销售工作中，当你面对一个个性突出的客户时，你自己也要变得有个性，这样他才会认为你是同道中人，从而为你们的继续交谈搭建一个良好的氛围。

第五章
化解异议——把客户的顾虑变成销售的机会

- 当你满怀信心地向客户推销你引以为傲的产品时，客户并没有买你的账，反而表示拒绝。面对拒绝，该怎么办？
- 难道拒绝就意味着销售的结束吗？你还能反败为胜吗？
- 实际上，当客户出现异议时，销售员一定要注意，如果处理不好的话，就很可能会失去眼前的准客户，而且还很有可能会影响到其他客户。

视客户的拒绝为成交的机会

日本人齐藤竹之助是世界寿险首席销售员，他说过这样一段话："销售就是在遭遇客户十次、一百次的拒绝之后的坚持，然而，就在这十次、一百次的拒绝之后，总有一次，客户将同意购买你的产品，就为了这仅有的一次机会，销售员在做着殊死的努力。销售员的意志与信念就显现于此。"

因此，对于一位经验丰富的销售员而言，客户的拒绝既是销售工作中的一个障碍，又是沟通中的一个积极的因素，毕竟拒绝比没有任何态度的冷漠要好。做销售贵在坚持，不能轻易放弃。当遭遇拒绝时，销售员要想尽一切办法去解决。"坚持就是胜利"是每一个销售员的格言，也只有这样的销售员才能在最后取得销售的成功。

原一平在做保险销售员的第一天，一共拜访了8位客户，无一例外都遭到了拒绝，当第8位客户表达了明确的拒绝之意后，原一平站起来，拎起公文包向门口走去。当快走到门口时，他转过身来，向客户深深地鞠了一躬，说："谢谢你，你让我向成功又迈进了一步。"

客户深感意外，心想：我把他拒绝得那么干脆，他怎么还要感谢我呢？好奇心驱使他叫住了原一平，问："我拒绝了你，为什么你还要说成功了呢？"

原一平微笑着说："我的主管告诉我，当我遭到10个人的拒绝时，下一个人就会签单了。你是拒绝我的第8个人，再多2个，我就成功了。所以，我当然要谢谢你。你给我一次机会，帮我加快了迈向成功的步伐。”结果，这个客户竟然买了一份保险。让他提前达到了目标。

销售员要认识到，在工作过程中向客户推销商品时，遭到拒绝是非常正常的事。既然是很常见的事，是每个销售员所必须面对的事，那么就把这种拒绝当作是一种财富吧。因为拒绝不了，所以就学会去享受。既然无法避免被拒绝，那么就看到它积极的作用吧。

但在遭受拒绝时，很多销售员都会这样想：既然客户都已经直接拒绝我了，他已经不需要我的商品了，我也就没有办法了。可是，细细回想，你不难发现，在推销商品时，得到的大多数回答确实都是拒绝，因为谁会无缘无故地去相信一个陌生人的商品呢？但是，再看看那些优秀的销售员，他们对待拒绝的方式却完全不同。他们在遭到客户的拒绝时不会自怨自艾，也不会悲观失望，在他们眼里，客户的每一次拒绝都是一次机会。

王涛大学毕业后，找了一份推销文具的工作。可是每次他向客户推销时，客户的回答就只有一句话：“我不需要。”为此，他非常苦恼，不知道自己该怎么办才好。

无奈，他只好向那些表现突出的同行请教。同行说：“首先你要找对客户啊！比如，你销售文具就只能找那些有学生的家庭或文化单位的人，他们才有可能需要。”王涛叹了一口气，说：“我找的就是这些人啊！可是人家都说不需要。”同行笑着说：“他们拒绝你，你就离开了？”王涛吃惊地说：“不然，我还能怎么样？”同行说：“你至少应该问问他为什么拒绝买你的商品吧！”王涛说：“问了之后，怎么办呢？”同行笑道：“知道他拒绝的理由，你的销售就已经成功了一半。知道了问题的所在，接下来解决问题就行了。如果他嫌产品贵，你就应该努力让他相信这是物有所值。如果他不信任产品的质量，你可以告诉他一年之内出了问题，就把钱原封不动地退给他。如果将这些理由都一一排除了，那么他还有什么理由不买你的商品呢？”王涛惊讶地说：“你的销售成绩那么好，难道你也经常被客户拒绝吗？”同行笑了一下，说：“你以为呢？我并不是一个运气好的人，我只是一个会把拒绝当成机会的人。”

这番谈话让王涛深受启发，原来在销售中，拒绝并不只是拒绝，而是机会。他抱着这种想法再次敲开了一个客户的门。客户的第一句话仍然是：“我不需要。”王涛并没有像以前一样直接走掉，而是微笑着问：“我可以问一下您为什么不需要吗？据我所知，您有一个上初中的儿子，我想他应该是需要文具的。”客户说：“他有文具。”王涛说：“哦，可是我们的产品特别好用，很多用过的人都这么反映。”客户说：“卖东西的当然会说自己的东西好了，我怎么知道你的产品好用呢？”王涛说：“您用一下就知道了，我想您一定能辨别好用和不好用。”客户用了一下，感觉王涛的文具质量不错，就购买了一些。王涛终于找到了销售的窍门。

可见，销售员在遭到拒绝后，一定不要气馁，不要放弃，否则，就是放弃了成功销售的机会。你要清楚一点，那就是客户拒绝你是正常的，不拒绝你才不正常。试想，如果每个人都排队去买产品，那销售员也就没有作用了，顶尖销售员也就不会被人们所尊重。所以，你要找到客户拒绝你的理由，然后将他的种种理由一一排除，这才是一个优秀的销售员必须具备的素质。

“态度决定一切”是美国西点军校广为流传的一句名言。这句名言告诉我们没有什么事情是做不好的，关键要看做事的态度。所以，要想成为一名优秀的销售员，就要注意以下几点。

1. 不要对拒绝耿耿于怀

在生活中，我们每个人都有两重角色——买家和卖家。当你在做销售工作的时候，你是卖家，自然会遭受一些拒绝。同样，当你在生活中扮演买家的角色时，你也会拒绝别人。如此说来，你就会发现，这本就是生活的常态。如果你认识到这一点的话，就不会对每次的拒绝那么耿耿于怀了。

2. 现在拒绝，并不意味着永远拒绝

在销售过程中，从准备、开场、挖掘需求、推荐说明一直到成交，每一步都存在着拒绝。但这些拒绝不代表着客户的彻底否定，或许是客户对产品存在误解，或许是其他什么因素，只要你在充分挖掘了客户需求的前提下，保持乐观的心态，那么当客户在确实有产品需求之时，自然会选择购买你的商品。

3. 对拒绝不要信以为真

拒绝对于一些人来说就是一种习惯，他们对于并不了解的东西，最习惯的反应就是拒绝。还有些客户的拒绝，往往是需要进一步了解你的商品的正常反应，他们拒绝你其实是希望你能解说得更加清楚些，虽然这对销售员来说好像是没有希望了，但对一部分客户来说，他们很喜欢在购物中玩这种把戏。所以，对于销售员来说，你不要太相信这类顾客的话，只需要抱着坚定的信心，一旦发现了客户的购买意向就紧抓不放。

4. 相信拒绝一次就离成功更近了一步

一个人要想成功，除了努力付出之外，还需要时时进行自我激励。这种自我激励是困难时的助推器，它能推动你义无反顾地向前。因此，在推销的过程中，销售员不要消极接受别人的拒绝，而要积极面对。不要听见“不”字就打退堂鼓，而应该让这种拒绝激发你更大的潜力。

毋庸置疑，销售员在工作中遭遇最多的就是拒绝，如果你被别人一两次的拒绝就打败了，那你永远也成功不了。所以，当拒绝不可避免的时候，要学会接受。销售就是这样，你不能因为顾客的拒绝就放弃这一种职业，而应该把拒绝当作是一种享受。当你精心准备的销售技巧没有把客户拿下时，也不要气馁，而应整理好心情，微笑着去面对下一个人吧。

嫌货才是买货人

在销售的任何一个阶段，或者对商品本身，客户总能找出问题，总是嫌东嫌西。在销售实践中，客户没有丝毫异议地与你完成交易，这种情况少之又少。正如你向一个普通人推销一辆豪华跑车，他就不会提出任何异议，因为他知道自己根本就无力购买。如果你向他推销一双鞋，他可能就会正儿八经地对你说："这双鞋子有色差，而且款式似乎也老旧了点儿。"因为他有购买的可能，所以才会关心商品相关的一切问题。

"嫌货才是买货人"，客户越提出异议，说明他对你的产品越有兴趣，正所谓"褒贬是买主，喝彩是闲人"。

王先生去看汽车，销售员小张前来热情接待。王先生看了一下车，对小张说："这车造型不时尚。"小张便说："王先生，您喜欢什么车型呢？"王先生没有很清晰的概念，只是支吾了几句，也没有说清楚，小张便补充说："王先生，咱们这款车都是采用最新流线型设计的，这样的设计方法，可以让车在行驶中减少风阻系数。"王先生听后"哦"了一生，然后又说："这车底盘不高。"小张又解释说："咱们这辆车底盘在同级别车中还是可以的。底盘过高，会费油，而且乘坐不够舒适；底盘稍低些，乘坐舒适。您看一些高档轿车，如奔驰、宝马等不都是底盘不是很高吗？这样吧，王先生，您可以坐到车里感受一下。"在小张的安排下，王先生高高兴兴地进行了试乘试驾，最后愉快地买下了一辆车。

这个案例中，王先生说出“车型不时尚”“底盘不高”，主要是因为自己对车不够了解，只是顺口一说，并不是真有异议，清楚这点后，销售员小张在大致解释了这两个异议后，进一步引导客户了解产品、体验产品，一步一步挖掘出客户的真实需求，并最终促成交易。

一般人在购买商品时，总会细细推敲一番。通常客户提出意见是建立在对商品感兴趣的前提下的，对商品越是挑剔的人，最后成交的可能性就越大。所以，销售员在面对这些潜在客户的时候，一定要注意倾听他们的心声，合理解决他们的疑问，为最终完成交易做好铺垫。当然，客户的很多意见也未必就是合理的，甚至很多无中生有的问题其实只是客户试图压价的借口，对此，销售员必须要予以分辨，切不可因客户的过于挑剔而生气冷落对方。

王佳在某电器卖场负责某品牌冰箱的导购工作。一天，柜台前来了一位中年妇女，在一台冰箱前看了又看。王佳赶紧上前，为她解说冰箱的各项指标及优点。刚说完，中年妇女就很不友好地说：“你们的冰箱没有你说得这么好吧，我有一个邻居就是用的你们这个品牌，听说坏了，到现在还没有修好呢！”

听中年妇女这么一说，王佳也略显尴尬，但她马上就说：“如果是这样，您邻居家的冰箱出现了问题，我们深感抱歉，这是我们的售后服务电话，可以转交给您的邻居，联系后工作人员会在24小时内帮助解决问题。”说着，她递给这位中年妇女一张售后服务卡，接着说，“如果您的邻居比较着急，可以把住址告诉我，我可以马上打电话，让服务人员上门维修。”

中年妇女接过服务卡，脸上的神色不像刚才那么冷淡了，她们继续聊起有关冰箱的话题。王佳很自然地把话题引到了产品介绍上来。这位客户确实是来选购冰箱的，她只是听说邻居家的冰箱出了问题，所以才有所担心，但王佳那么迅速地就提供了售后服务的电话，这更坚定了她的购买决定，最终决定购买这个品牌的冰箱。

在上面案例中，中年妇女能够主动到柜台前询问商品的信息，足以说明她其实认同这个品牌的冰箱，说些邻居产品有问题的话则是为了看看销售员如何应对这一状况，从而得知这一产品的售后服务情况到底如何。

毋庸置疑，销售就是一场心理博弈。在这场博弈中，买方虽然有购买意愿，但却深藏起来，为了获得更优的价格，于是就对商品进行百般挑剔，找出的毛病越多，就越有要求降价的本钱。而销售者则会想办法把买方提出的问题合理化解，就在这样你一招我一式之间，直到找到双方的平衡点，或者一方做出让步，成交也就达成了。

销售员一定要了解客户的这种心理，并善加利用，只有这样才能成功应对客户的挑剔，进入成交程序。因此，销售员在和客户沟通的过程中需要注意以下几点。

1. 对自己的产品有信心

销售员首先要对自己的产品有信心。这就要求销售员必须要熟悉产品手册，针对客户所提出的各种问题应当有应对之策。这样在客户挑剔时，自己才能摆事实、讲道理，改变客户的看法，否则销售员不但会在与客户的讨价还价中败下阵来，还会严重影响客户的购买信心。

2. 注意倾听

其实，你只要耐心倾听，就会发现客户和你的目的是一样的，即达成交易，而挑剔只不过是购买过程中再普通不过的一项基本内容罢了。

3. 用微笑来面对客户的挑剔

销售员面对客户的挑剔如果还能保持微笑，就说明他具有极强的职业素养，相信客户也会强烈地感受到这一点，并被这种热情感染。

4. 做出有针对性的回应

倾听完客户的挑剔，销售员既要有原则上的坚持，如不能无限制地降价，又要善于妥协，不能一味地和客户做口舌之争。试想，如果销售员面对客户的挑剔都一概加以驳斥，就算真的赢得了这场辩论的胜利，但也由此失去了这个客户。因为你的“完胜”姿态造成客户面子上的难堪，所以他们断然不会购买你的商品，以此作为“报复”。

5. 适当退让

有时候，客户挑剔就是为了降价，如果客户心中已经坚定了价格，这时销售员不妨做出实质性的价格让步，如此客户的目的达到了，自然也就没有了成交的障碍。

6. 切勿争吵

当客户挑剔商品时，销售员绝不能抱着“你可以侮辱我的人，却不能侮辱我的产品和职业”的态度同客户发生争吵。因为一旦发生争吵，你也就失去了这个客户。

先说产品再说价格

俗话说“心急吃不了热豆腐”。在销售工作中，有些销售员在面对客户时，总是希望客户能够在最短的时间做出购买决定，从而提高自己的销售业绩。殊不知，销售工作也是讲究循序渐进的，太过急功近利是收不到预期效果的。毕竟销售员和客户原本只是陌生人，陌生人之间的交往本来就存在戒备心理，更何况销售员还要求客户接受自己的产品呢？因此，在销售过程中，销售员可以先提出一些客户容易接受的请求，以此打破客户的戒备心理，然后再介绍产品，使客户对企业的品牌产生认同感，最后激起客户的购买兴趣，以至最终成交。

但在销售实践中，有很多销售员往往会被客户所牵制，过早报出商品的价格，这其实是错误的推销手法。成功的销售员往往会把价格放在最后，以一种很艺术性的手法表达出来。

马龙是一位销售经理，在底特律的一家汽车装饰用品公司工作。公司即将推出一种铁质的摆件新品，他拿着新品当街访问一个人，问：“您认为这个产品如何？”

“啊，这个摆件我非常喜欢它，但是我猜想您现在会告诉我它是非常昂贵的，我应该为它付出一个荒谬的价格，是这样吧？”

“哈哈，看来您对这些小工艺品很有研究，肯定也收藏了不少，您猜一下它的成本是多少？”马龙问。

那人受了奉承，回答说：“我认为可能是5美元左右吧。”

“您说的对。”马龙用惊奇的眼神看着他说，“不知道您是怎样猜到的？”

最终，那名路人真的以5美元的价格购买了一个铁质的摆件，双方对事情的结果都很满意。但是，马龙绝不会告诉他公司最初给产品的定价是4.2美元。

在生活中，人们在购买一款产品时，往往都会有自己的想法和要求。当他们寻觅到自己心仪的商品时，就会主动询问价格，在这一阶段，销售员千万不要因为客户已经有了购买意向，就虚报价格，甚至为了将商品卖出更好的价格而大幅抬高价格。即使某款商品的价格并不在其承受能力范围之内，也要尽可能为其推荐价位合适的商品。而不是简单放弃，让客户白白流失。

在某品牌空调专卖店，一位客户问：“请问这台空调多少钱？”

销售员连忙热情招呼：“这款空调是由全国一流的工程师联合研制而成，相信您在电视上也看到过它的广告吧？同批的不同型号的空调还有几台，不同型号的价格是不一样的。不知道您打算安装在哪里？想买什么价位的？我可以帮您推荐一款。”

客户听了销售员的介绍，说：“我计划买一台挂在卧室里，价格当然越便宜越好了，最好静音效果好一点。”

听了客户的描述，销售员便推荐了几款价格在3000～5000元的产品。最终客户选中了一台价格是3500元的空调。实际上，客户最初询问的那台空调价格是4500元，销售员没有马上说出价格是明智的，否则客户可能因为价格因素而选择离开。

精明的销售员很懂得揣摩客户的心理，在报价的时候总是会想方设法获得客户的价格预期，在此基础上为客户推荐最合适的商品，引导他们最终完成购买。

当然，有的客户也会比较执着，他们开始就询问价格，甚至更声称如果销售员不给出明确的价格他们就不谈了。面对这样的客户，销售员应积极想办法转移客户的注意力。

1. 强调产品的功能

销售员可以强调该产品的特殊功能、特殊材质等有利因素来吸引客户的注意力，从而证明产品物有所值。

2. 对比法

在产品功能大同小异的前提下，销售员可以从同类产品中寻找一些价格较高的来进行对比，从而突出自己产品的性价比优势。如此一来，对方就能够直观地感受到产品的优势。

3. 合理的解释

销售员在给客户解说产品的时候，要将产品的使用周期与其价格相结合，让客户感到“一分价钱一分货”。比如，一个光电鼠标定价200元，客户感觉太贵。那么销售员可以这样来解释：“光电鼠标是工作必备的物品，而且我们的光电鼠标是知名品牌，符合人体工程学，可以有效防止鼠标手，关键是还非常耐用，连续点击上亿次不出故障，假如以十年来计算，一年才花20元，一个月才花不到1.7元。”这样的解释会让客户感到很直观，更易于理解。

同时，在彰显产品质量的同时，销售员也要注意适时提及优质的售后服务，这些都是客户非常关心的问题。如此一来，有了良好的产品品质和售后服务，即使销售员提出的价格超出客户的预算，对方也会综合考虑，而不会一口回绝。

引导客户习惯说“是”

在说服客户时，我们最怕对方一开口就说“不”，这是最不容易克服的障碍。

要想成功地说服客户，在刚开始的时候，销售员就要想办法让客户多说“是”，唯有如此，才能将客户引向你希望的方向。比如，一位销售员上门推销：“有人在家吗？……您好，先生，我是某某空调厂的销售员……”

“空调？我现在还不打算换空调。”

面对客户的拒绝，销售员往往只能尴尬收场。显然，在对方已经明确拒绝的情况下，再继续聊下去将会变得相当困难。所以，对于销售员而言，如果一开始就让客户对你采取肯定的态度，那么也将会为接下来的沟通打开方便之门。比如，上面那个销售员完全可以换一种打招呼的方式，如改成这样说：“有人在家吗？我是某空调厂的销售员。我们现在有一批新型的空调想请您给提提建议。”这样说，一般人是很难拒绝的。有了这个良好的开端，你就可以通过自己独特设计的问题争取到第二个、第三个“是”了。

在销售实践中，销售员一旦让客户开始就说“是”，客户便会忽略你们之间的争执，并且认为这是他自己的选择。

珍妮在新奥尔良卡内基银行工作了十年之久，作为银行的老员工，她见过形形色色的客户，所以每次就算再难缠的客户她也能轻松应付。一天，一个客户走到柜台前要开户，珍妮便按照惯例让他先填写一些表格，过了一会儿，客户把表格递来，说表格中有些内容他已经填好了，但有些内容他拒绝填写。面对这种情况，珍妮没有简单地告诉客户如实填写材料是银行的硬性规定，如果客户不提供这些资料，银行有权拒绝为他开户，而是委婉地说："好吧，那些您拒绝填写的内容并不是绝对必要的。但是，万一发生什么意外，您不希望把存在我们银行的钱转移给您的亲属吗？"

"当然。"他说，"我当然希望。"

"那难道您不认为应该将您最亲近的亲属的一些资料告诉我们，使我们能够在您万一发生什么意外的时候准确无误地实现您的愿望吗？"

"应该。"他又确定地说。

就这样，简单的两个问题，客户自己也认为银行要这些资料的目的是为了他的利益。最后他不仅把他自己的全部资料填写上了，还根据发生什么意外的建议，开了一个信托账户，指定他的儿子为受益人，并填写了他儿子的详细资料。

其实，让客户开口就说"是"并不像想象中的那么难，只是人们更习惯于一开始就希望对方同意自己的看法，如果别人不同意，就急切地想驳倒对方，以获得对方的认同。他们或许认为这样做能够显示出自己的高明和突出。然而，事情往往会适得其反。所以，销售员在销售工作中要想赢得良好的开局，最好的办法就是，一开始就让对方说"是"。

安德森是爱迪生电器公司的销售员，他和他的同事们花了5年的时间向一位被同事们戏称为"巨石"的富翁客户推销，终于成功说服这位富翁答应购买公司的几部发动机。这可是一个很好的开端，因为如果这个富翁尝到发动机强大动力的甜头，后面的订单就会源源不断，所以公司也极为重视。没过几天便派安德森回访，看看这位富翁的使用效果如何。而当安德森再次见到富翁的时候，这位富翁却很生气地说以后绝不会再订购他们公司的发动机了，因为这些东西太热，有一次竟然烫到了他的手。

安德森一听就知道这是常识性的错误，他知道如果直接告诉富翁手是不能放在发动机上的，富翁将会更生气，这将会把好不容易开拓的客户弄丢。于是，安德森打算换一种方式来说服富翁。他说："先生，我完全同意你的看法。如果我们公司的发动机确实过热，你不应该再买。你花了钱，当然不希望买到热量超过标准的发动机，是不是？"

"是的。"富翁说。

安德森接着说："你知道，电工行会的规定是，一台标准的发动机的温度不能比室内温度高72华氏度，对吗？"

"是的。可是你的发动机却高出了这一温度。"富翁说。

"当时工厂的温度是多少？"安德森继续问道。

"75华氏度。"富翁想了想回答说。

"这就对了，"安德森笑着说，"75华氏度加上72华氏度等于147华氏度。如果你将手放在147华氏度的水里，你会不会被烫伤呢？"

"会的。"富翁心悦诚服地说。

"那么，我建议你最好不要把手放在147华氏度的发动机上面。"安德森笑呵呵地说。

"我想你是对的。"富翁说，"或许是我错了。"接着他们又谈了一会儿有关发动机的事情。后来，富翁果真订购了一批发动机，并且成了爱迪生电器公司的忠诚用户。

在上面的案例中，无疑安德森的做法是聪明的，他没有在客户盛怒之时与客户争辩，而是谈论双方都同意的事，并最终给客户解释清楚了问题的缘由。所以，聪明的销售员在面对客户的强烈质疑时不要慌乱，只要强调你们双方都在追求同一目标，试着让客户知道，即使你们有分歧，也只是方法上的分歧，而不是目标上的。销售员可以首先问一个温和的问题——一个让客户说"是"的问题，然后再将客户慢慢引导到你销售的产品上来。因此，销售员在销售过程中要做好充足的准备。

1. 有备而来

销售员对于销售中客户大概会提出什么问题，如何回答，应该事先做好充足准备。

2. 科学预判

销售员在和客户沟通时，对客户的担忧能够提前化解。比如，你可以谈及产品的品质保证及优良的售后服务等，这些都会让客户放心很多。

总之，销售员在销售过程中要对客户进行多方面的了解，找到双方的共同点，让客户从心理上对你表示肯定，进而说“是”。

成功消除客户的疑虑

人的思想是复杂的，对某一事物不理解，就会产生疑虑，这也是为什么好多顾客在购物过程中说“考虑考虑”的原因之一。事实上，客户担心的问题可分为两种情况，一种是客观存在的，另一种则是客户的心理作用导致的。但是，无论是出于什么原因，销售员在面对“考虑考虑”的客户时，都必须认真对待，采取主动的方式，及时发现客户的疑虑，并请客户讲出来，从而得知客户的心里在想些什么，然后采取相应措施消除客户的疑虑，让客户最终选择购买你的产品。

因此，有经验的销售员都知道，客户犹豫是他想购买产品，但又有些问题他还没有想清楚，从而“考虑考虑”以了解更多的信息。客户之所以会找出各种各样的借口，很大程度上是因为对产品的质量、性能或者价格等方面有不满意的地方，因此才会不断地找借口。在这种情况下，销售员就应该适当调整，把产品讲明白、讲透彻。即使客户真的不需要，销售员也要保持礼貌和尊敬，给客户留下好的印象。

张亮就职于沈阳一家机床设备公司，刚进入公司时他负责督导工作与操作数字机床设备。一干就是10年。在这10年里，张亮积累了大量的产品知识。

虽然张亮不是公司的售后维护部门的员工，但凡是客户有需要的时候，他都会耐心地给客户解答一些销售员不能回答的技术性问题，而且往往三言两语就能让客户得到明确的、满意的答案。

慢慢地，这些客户再次采购机床产品的时候，甚至直接跳过销售部门找张亮下单。这让公司销售部门感到很奇怪。问起张亮的销售秘诀，张亮说："我怎么可能会有什么销售技巧啊！我只是把我知道的有关产品的知识详细、周到地讲给客户听，并且给他们一个最完善的解决方案。客户的问题解决了，他们自然就会找你了。"

后来，公司领导干脆把张亮调到了销售部做销售员。两年后，张亮的个人业绩已经超越了该公司其他的销售员，成了销售冠军。

从上面案例我们不难看出，销售员要得到客户的信任也并不是什么难事，只要让客户认为你是在真心实意地为他服务即可。因此，面对那些借口频频的客户，销售员要善于用自己的真心去堵住客户的借口。

如果销售员不懂得客户的心理，只是自顾自地推销，那么客户也只能不断地寻找新的借口加以回绝。而如果销售员主动地询问客户是不是因为价格太高，或者款式不合适而犹豫，并站在客户的角度提一些合理的建议，客户就会感受到你的真心和诚意，由此会对你产生信赖。如，客户想要购买一款笔记本，但是因为其对这款产品的了解程度等因素，使其无法确定自己的选择是否正确。这时，聪明的销售员就要这样劝说客户："我很了解您的想法，您不是很确定这款产品是不是具有您想要的那种功能，对不对？所以我建议您可以试用一下，您认为怎么样？"这样把选择权交到客户手上，他们会很乐意做出决定的。

总之，几乎所有客户都会有疑虑，如果不能从根本上消除客户的疑虑心理，交易就很难达成。因此，聪明的销售员会采取积极的措施迅速而有效地消除客户的疑虑。

那么，销售员该如何消除客户的疑虑呢？

1. 反问客户，让客户自己提出解决方案

比如，客户说："你们的产品没有好的售后服务。"销售员可以说："那您觉得什么样的售后服务才能让您满意呢？"如果客户提出了具体的要求，那么这个异议就是真实的异议；要是客户提不出来具体的要求，那就说明客户提出的这个问题是假异议，客户这样说，可能是为了压价，或者是获得一些其他优惠，还可能是信口一说。销售员及时的反问，一方面可以让客户坦陈异议，另一方面也可以让客户把注意力尽量多地转移到购买产品上来。

2. 假设这个异议已经解决，客户会不会购买

比如，客户说："你们的产品没有好的售后服务。"销售员可以说："如果我们的售后服务令您满意，您是不是就决定购买了呢？"如果客户的回答是肯定的，那么这个异议就是真实的异议；如果客户支支吾吾，没有给出明确的答案，这表明客户提出来的这个问题，还不是促使他最终下定购买决心的问题，这种情况下，销售员可以进一步询问客户还有哪些重点关注的问题，并予以有效解决。

3. 引出客户的真心话

客户虽然提出一大堆看似关心产品的异议，但真正的想法可能是"我听腻了你那一套说辞，反正我又不打算买，随便敷衍一下"。在这种情况下，销售员要试着引出客户的真心话。比如,可以直接询问客户："您提出这个异议，是不是因为贵公司最近资金比较紧张，对于购买这些设备存在一定压力呢？"这种情况下，问题直接、单刀直入，客户一般就不便于再提些假异议来消磨销售员的时间了。客户只能要么真心诚意地谈成交问题，要么不再谈些假异议，这对于销售员来说，既可以让自己的工作有针对性，还可以节约时间。所以，若能让客户说出真心话，并了解其中的原因，就有希望进一步去促成交易。

4. 把客户提出的异议转化成卖点

比如，客户说："你们的产品没有好的售后服务。"销售员可以说："您的担心是应该的，我们现在的售后服务确实不是很完善。但您要知道我们的客户投诉量是非常少的，这说明我们的质量是很有保证的。质量与售后服务您会选择哪一个？再者，我们秉承'没有最好、只有更好'的原则，也在积极努力地为用户提供优质的售后服务。"这样一来，销售员把客户提出的一些异议转化为我们已有的优势与动态发展中的优势，而客户对销售员这种富有辩证性的回答，往往也都表示同意。

激起客户心理需求就要多提示

需要是人因生理、心理处于某种状态而形成的一种心理倾向。一个人在产生需要的情况下，最强烈的感觉就是缺乏什么或期望得到什么。只有通过择取对象，才能弥补缺乏，满足需要。比如，在口渴的情况下，我们的感受就是身体缺少水，期望得到水，且只有喝上水才能解除这种感觉。

人的需要是具有重复性的，这种重现的需要带有明显的周期性。正因为需要是重复性的，所以有经验的销售员从不把一次成交当成销售的终结，而当作下次销售的起点。汽车推销大王乔·吉拉德总是在客户买完他的车后，同客户保持密切的联系，他说："客户不会一辈子只开一辆车，他们往往用上三五年就会更换新车，我要让他们下一次还买我的车。"

可见，需求是被创造出来的，销售员想把商品或服务推销出去，就需要唤起客户对这种商品或服务的强烈需求，让客户在心中呐喊："我要拥有它"。

约翰逊原本是一个籍籍无名的黑种人化妆品公司销售员，因为他所负责的业务是向黑种人推销化妆品，但因为黑种人对化妆品不感兴趣，因此，约翰逊使尽浑身解数，销售额还是没有丝毫的提升。约翰逊意识到必须要用事实让这些黑种人相信自己的化妆品对她们确实是必要的。他想了很久，终于想通了，要让黑色皮肤的女人喜欢化妆品，首先要让她们体验到化妆前后的差别，刺激起她们想要修饰自己的欲望。

那么，如何刺激她们，才能让她们产生对化妆品的需要？约翰逊想了“试用”的办法，即先让她们免费试用，感觉好再买，不好就算了。无疑，这样做可是要冒赔本风险的，约翰逊不敢擅自做主，他向公司请示，希望得到支持。

公司对此的回复是：不行，公司不想因此而造成不必要的浪费。

约翰逊对公司冷冰冰的态度很生气，决定孤注一掷，按自己的想法去干。他从亲朋好友处借来470美元创建了化妆品公司，并租了一架手风琴，在街面上铺开摊子，先自弹自唱了几首流行歌曲，待人们聚拢后，就开始介绍化妆品的功用，并慷慨地请大家随意试用。

这种闯江湖卖膏药式的方法很有效。那些黑色皮肤的女人对免费粉底、口红很感兴趣，纷纷要求试用一下。

约翰逊用这种方法，逐渐打开了销售局面。约翰逊的产品由于免费试用，使那些试用者迷上了化妆品，她们感到离不开化妆品了。化妆品可以使她们变得更年轻，更美丽，这种效果，哪位妇女不喜欢呢？这样，许多妇女宁愿在其他方面减少开销，也要省下点钱买化妆品打扮自己。15年后，约翰逊成为一个拥有8000万美元资产的大公司老板。

约翰逊通过“试用”策略成功唤起了黑色皮肤的女人对化妆品的需要。即使你的产品用处再大，效果再好，如果没有激起客户心理需求，也无法勾起客户的购买欲望。因此，约翰逊所做的努力可以说是为他以后的独立经营打下了坚实的基础。

销售员要积极引导准客户认识到他们自己的需求，切忌表现出对利益的过分关注。销售员可直接向客户提出问题，这会引起客户的注意力和兴趣，引导客户去思考，并顺利转入正式面谈阶段，这也是一种有效的推销方法。

当你用这种方法让客户逐渐了解到他自己的需求是什么时，他就会自己努力去得到。所以，销售最伟大的境界不是把你的商品卖出去，而是让客户觉得非买你的商品不可。

第六章
讨价还价——是贵是贱
都由你说了算

- 成交是令人激动的，但成交之前也要经受一段煎熬。
- 能否快速地成交取决于销售员的眼光是否敏锐，口才是否伶俐。
- 著名推销员乔·吉拉德说：“挠到客户的痒处，你就有成交的希望。”

比商品更重要的是人性

在价格谈判中，由于双方存在着利益上的对立，最终也避免不了要经过或明或暗，或动或静的讨价还价。如“这已是最后的出价”或者“这是最低价”，这种报价听起来似乎已经没有回旋的余地了。在这种情况下，另一方肯定不会轻易相信对方的话，而是会先试探对方的决心。经过试探，对方决心已定，没有让步的余地时，他会做出决定：要么决定签字，要么决定不做这笔生意。如果经过试探，认为对方只不过是虚张声势，就有必要还价了。

我国有一个大型水电站建设工程，需要美国霍利菲尔德机械制造公司的成套发电机组设备，我方代表就此问题与美方展开商谈，由于该笔交易涉及金额达数千万美元，因而中美双方在谈判中都非常谨慎，因为哪怕微小的让步，最终都有可能给自己造成巨大的利益上的损失。

美方：“我们的谈判已经进行一个星期了，尽管目前我们之间还有不小的分歧，但我们希望我们之间良好的合作能够促成这笔买卖尽快实现。你们知道，我们很欣赏你们为国家的利益尽职尽责的精神。”

中方：“十分感谢霍利菲尔德公司在过去的谈判中积极配合。其实，我方认为我们现在的分歧已经缩小了很多，设备的价格分歧从20%缩小到5%，卖方信贷的年利率分歧从7.5%降到6.5%，设备试验期限的分歧由6个月降到3个月。只要我们彼此真诚，就会达成协议的。你方应该知道，我们发电站的二期工程已进入招标阶段，届时必然还要购买设备。况且，中国电力产业是受重点扶持的产业，你方完全可以在与我们的长期合作中获取更多的利益，因而我们建议贵方能在价格上再削减2%。”

美方：“这样吧，我们把价格下降1.5%，这是最低价了。”

中方：“那好，我方接受了。”

在这次成功的商业洽谈中，双方原则性与灵活性兼顾，在坚持己方立场的同时又尊重对方的立场，力求寻找彼此都能接受的方案。优秀的销售员在谈判时不会把所有要求同时提出，往往是在谈判中先让对方同意，然后再回过头来追加要求。

可以把一次成功的谈判过程形象地比喻成向山下滚一个球，山顶就是谈判中的第一次认可。一旦到达这一点，球就会轻而易举地滚到山下。这是因为人们在做出最初的决定之后，感觉会轻松许多，随之压力减轻，进而可能对你提出的要求比较容易接受。

一个十几岁的小女孩，在街上卖玫瑰花，她拦住了一个年轻的小伙子，说：“大哥哥，买一束玫瑰送给女朋友吧！一束十枝，只卖50元。”小伙子摇摇头说自己没有女朋友，不需要买玫瑰花，说着就要离开，小女孩又拦住他，说：“大哥哥这么英俊，肯定有女孩子喜欢。既然你不想买一束玫瑰花，那就买一枝吧。才5元钱。”小伙子觉得小女孩挺有意思，笑着对她说：“买一枝我也不知道送给谁啊，算了，你卖给别人吧。”这时，小女孩还是没有罢休，说：“大哥哥，既然你不想买玫瑰花，要不要买几块巧克力，1元钱一块，很实惠的哟。”小伙子没有办法了，因为小女孩一再推销，如果自己再拒绝就显得不太好了。于是他买了两块巧克力。

在这个例子中，小伙子在小女孩的一再请求下，由原来的拒绝渐渐地变成了接受，为什么会发生这样的变化呢？这是因为小女孩的一再请求给小伙子造成了一定的压力，既然对方已经做出了让步，作为回报，自己也应该有所让步，而不能拒绝到底。最终，小伙子买了两块巧克力。

同理，对于销售员而言，你如果想要别人答应你的某种请求，就可以先提一个比较大的、难以做到、对方有可能拒绝的请求，然后在对方拒绝之后，再把你真正的请求提出来，这样就相当于你向对方做出了让步，作为回报，你的请求也很容易被对方接受和应允的。如果没有之前的退让，而直接提出来，则遭受拒绝的可能性是非常大的。

比如，当客户说“价格太高”或“这东西太贵了”，这其实是他们试图进行讨价还价的信号。此时，销售员千万不能失去自信，甚至对自己产品的价格也产生怀疑，否则将无法激起客户的购买欲望。

某家电公司派两名推销员去上门推销一种价格昂贵的电视机，一天时间内，推销员A失败而归，一台也没有卖出去，而推销员B则成功卖出10台电视机。为什么会出现这么大的差距呢？

推销员使尽了浑身解数，尽力说服客户购买自己的商品，但是绝大多数客户都因为价格太高而婉言拒绝。因此，推销员A一台电视机也没有卖出去。

而推销员B在上门拜访客户时，先向客户介绍的是另外一款更加高档和昂贵的电视机，等客户拒绝以后，他才说出自己准备销售的这种电视机，并说：“既然您觉得那一款太过昂贵，我们还有一款电视机在功能上也很先进，但是价格会便宜很多，您是否可以考虑一下？”就是在这样的拒绝、退让之中，客户觉得对方已经做出了让步，自己也不好再拒绝接下来的请求，于是不少客户都购买了其产品。

这种先大后小、先难后易的推销方式，确实能够收到意想不到的效果。在销售中，这样的策略也经常被使用，特别是在谈判的时候，一方常常会先提出近乎苛刻的要求，然后在这个要求的基础上，逐步进行退让，最终迫使对方也做出让步，从而实现自身的目的。

快速找到客户的兴趣点

事实上没有人会对自己不感兴趣的事情投入过多的精力，而如果是自己感兴趣的事情，则会情绪激昂地参与进来。在销售中销售员可以利用这种心理说服顾客，主动去迎合客户的兴趣，拉近与客户之间的距离，从而实现进一步的交流，为最终的销售铺平道路。

日本人安藤百福发明了世界上第一包方便面后，便一直想打进美国市场。但是方便面毕竟还是新出现的一种食品，美国人还从来没有听过“方便面”这一词，对于习惯了汉堡、可乐的美国人来说，他们能接受这种产品吗？于是安藤百福针对美国人的状况，采用了“投其所好”的策略。

安藤百福在研究美国人的消费心理时发现，美国人非常注重饮食的健康性，于是安藤百福在设计产品时，把每盒面的卡路里标识在盒子上面，以适应人们的减肥需要；把面条切得短些，以利于美国人用叉子吃；还给它起了个“杯面”的名称，适合于美国人用纸杯吃东西的习惯；把汤的味道做得更符合美国人的口味，再加上个副名——“装在杯里的热牛奶”“远远胜于快速汤”。正是这种投其所好，日本方便面一进入美国市场，就受到了美国人的热烈欢迎，销售量呈直线上升。

安藤百福的营销策略切中了顾客的需求点，所以迅速打开了市场。

在销售过程中，客户的兴趣点就是销售员成功实现销售的重要突破口。找到客户的兴趣点，并以此建立共同的话题，不仅有利于缩短彼此之间的距离，化解双方心理上的隔阂，还易使销售员得到客户的认同和接受。

小姜是某装潢公司的销售员，一次他去拜访一位客户——某公司的经理李先生。见面之后，小姜先对自己公司的产品做了大体说明，使李先生有所了解，然后又给其看是否有需要的产品。但是这些枯燥的、像念经一样的东西，实在无法引起李先生的兴趣。小姜发现李先生已经产生了倦怠的情绪，如果自己再这样说下去，肯定会引起客户的反感，这样很可能就会使生意泡汤。于是他努力地寻找着能够吸引李先生的话题。

这时，他发现李先生背后的书橱里放着许多关于《易经》方面的书，并且办公桌的案头也有一本看了一半的《易经》。于是小姜眼前一亮，找到了突破口。小姜说："我想李先生一定很喜欢中国古代的文化经典，想必对《易经》也是十分有研究吧？"

本来昏昏欲睡的李先生听到小姜谈到《易经》，一下又有了精神，说："是啊，略有研究。闲暇时喜欢琢磨琢磨。"

小姜顺势说："其实，我也很喜欢中国的古典文化，特别喜欢《易经》，它思想深邃，包罗万象，把宇宙与生命巧妙地结合在一起，透露出很多人生的真谛，很值得去研究啊！"

李先生马上被吸引了过来，一下子有了兴致，和小姜展开讨论，小姜的一些见地与李先生不谋而合，使他很高兴。谈到中午还不尽兴，李先生非要拉着小姜一起吃饭，边吃边聊，简直就是相见恨晚，一下子亲密得不得了。

后来李先生不仅买了小姜的产品，还和他成了好朋友。而这一切都源于小姜在拜访李先生之前，刚刚读过《易经》，迎合了客户的兴趣。

如果小姜没有读过《易经》，也就难以找到和李先生的共同话题，生意就难以做成。因此销售员要想迎合客户的兴趣，就要不断地为自己"充电”，除了过硬的专业知识外，销售员还应该学习更多的知识，无论是天文、地理、时事、娱乐，还是古今中外的人物和事件，都应多了解、多积累，以此帮助你成功地迎合客户的兴趣，得到客户的青睐，从而为销售创造出有利的条件。

销售员不仅要不断提高自身修养，练好基本功，还要善于发现客户的兴趣，这样才能有的放矢，不至于偏离方向。一般来说，销售员在与客户沟通中可着重注意以下几点。

1. 发现对方的兴趣爱好

销售员要找出客户感兴趣的事物并有所了解，甚至对那件事情同样也有浓厚的兴趣。这样就能以兴趣点为突破口，通过投其所好顺利达成目标。

2. 讲述对方的得意经历

销售员在拜访客户之前要多做功课，搜集一些有关客户的资料，这样就可以在见面时多谈谈或者引导客户多说自己得意的事，这样很容易就可以赢得对方的好感和认同，在使客户的自尊心得到了极大满足的同时，也能让客户把销售员视为知己，后面再谈到产品也就自然而言了。

3. 尊重对方

每个人都非常重视自己，也都希望别人重视自己。如果你见面多谈论对方的一些事情，那么他一定乐于交谈，这样你们之间的谈话氛围一定会非常好。

让客户的借口说不出来

通用集团前CEO杰克·韦尔奇说过："从事推销活动的人，可以说是与拒绝打交道的人。战胜拒绝的人，才是推销成功的人。"在销售活动中，不管销售员如何细心和全面，总有些顾客会提出某些拒绝理由。因此，有些销售员先预测顾客可能提出的一些拒绝理由，并抢先在顾客开口前进行处理与解释，这样就可以先发制人，起到预防顾客拒绝的作用。

事实上，有借口，总比直接拒绝更有销售成功的可能。只要销售员看准对象，巧妙地加以引导，就会有效地堵住顾客的借口。正所谓，盛情难却，当你用无比激昂的热情和真心去感染顾客的时候，顾客时常也会被打动。

你经常能看到这样的情景：当销售员在向顾客推销一些产品时，顾客为了避免让销售员感到尴尬和失望，往往会善意地说："你的产品确实很好，不过目前我并不需要，所以等以后再说吧。"这样的话当然要比冷漠地拒绝让销售员心里好受得多。面对这样的顾客，销售员不仅要向顾客表示感谢，还可以邀请顾客随便转转，说不定顾客就会挑选到心仪的商品。即使顾客最终没有购买，销售员也要保持礼貌和尊敬，给顾客留下好的印象，当顾客真的有购买需求时，他会先想到你。

一位女士到商店去买皮靴，销售员小敏给她介绍了好几个款式，结果那位女士不是觉得款式太旧，就是嫌质量不好，要么就是觉得颜色不合适。小敏忙活了半天，也没有为客户找到一双合适的鞋子。但是小敏却没有抱怨，而是很真诚地向女士道歉说："小姐，真是不好意思，浪费了您这么长时间，也没有为您找到一双合适的皮靴，真是抱歉。"

听到这样的话，那位女士反而觉得过意不去，对小敏说："没关系，我再转转，或许可以找到一双合适的。"其实，这位女士是看好一双鞋子的，只是觉得价格太贵，不好意思说，才一直犹豫。于是女士又一次转到那双鞋子的前面，拿起来端详。

小敏立即过去对她说："这款皮靴是今年上市的新货，属于休闲类的。穿起来很时尚，如果喜欢，您可以试一下。"

女士又开始犹豫了，她说："不用了，我先看一下，不过相对来说，这双鞋子我还是比较喜欢的。"

小敏说："没关系，您试一下吧，不合适可以再找别的，而且这款鞋子只剩下几双，我们可以以八折的优惠价卖给您。"

这时，那位女士终于决定试一试，结果试过以后感觉很好，只是还是觉得价格有点贵，就努力地挑鞋子的毛病，最后她发现一只鞋子的内侧的皮子接口处有瑕疵。而小敏则解释说这是一种制作工艺，而不属于质量问题。

于是小敏就对女士说："小姐，我知道您也是真心喜欢这双鞋子，虽然您认为这一块有瑕疵，但也绝对不属于质量问题。我们的鞋子质量是绝对可以保证的，在价格上这已经是最低价了。买到一双自己喜欢的鞋子不容易，您看这样吧，这个号码的鞋子只剩这一双了。这块瑕疵也绝对不会影响美观，原价395元，打过折以后是316元，我现在去找经理说一下，看能不能把零头去掉，以300元的价格卖给您，您看怎么样？"

女士点点头。小敏说："那您先稍等片刻，我去找经理说说，但是我不能保证一定可以说服经理降价，只能尽力而为。"不一会儿，小敏高兴地回来了。她向女士做了一个"OK"的手势，说："成功了，呵呵，您终于如愿以偿地买到了喜欢的鞋子。"

这时，那位女士被小敏的真诚所感动，对小敏连连道谢，并保证下次还来小敏这里购物。

小敏以其不厌其烦的敬业精神以及对客户真诚的服务最终感动了客户，也赢得了客户信赖，使之成为她长久的客户。

其实，在面对客户的诸多借口时，销售员不要认为是对自己的否定，是对产品的拒绝，而应该听出客户的话外之意。对于那些拿不定主意的客户，销售员要善于和他们沟通，从谈话中了解他们的真实需求，消除客户的借口，最终让生意成交。

实际上，客户找借口的原因大体如下。

（1）大部分客户总是想以更便宜的价格购买商品，或者过低地估计了生产成本，或者想得到其他方面的优惠，这是人之常情。

（2）一些客户有一种强烈的自我表现欲，希望在讨价还价中显示自己的能力。

（3）一些客户对业务员及其产品的价值不太信任，怀疑它不值那么多钱，怕自己吃亏上当。

（4）客户想试验一下销售员对价格的底线到底如何，以便了解产品的真正价格。

（5）客户经济能力有限，不能购买。

当然，上面所列举的只是销售过程中部分常见的原因，而实际情况会很复杂。销售员只有掌握了客户借口背后真正的心理和动机，才能在洽谈中灵活自如地应对。销售员要想促成销售的成功，就必须分析清楚在客户种种借口的背后，究竟是哪一种动机在作怪，唯有如此，才能对症下药，找出应对之策。

引导客户说出他的诉求

销售工作常见的形式是销售员向客户描述商品，让他们知道商品的各种性能以及售后服务等问题，这是销售的开端。当然，对于销售员而言，光会说话还不行，光自己一个人说更不行，还要让客户说话，并善于聆听客户的话，了解客户的真实想法和感受，这对销售成功起着至关重要的作用。

美国有一家汽车公司需要一批汽车垫，公司人员正在安排订购这批产品。由于这是一单很大的生意，获利的空间很大，因此很多生产厂家都希望得到这笔业务，竞争很激烈，但是最终有可能接下这笔订单的厂家只有3家。这3个厂家实力相当，提供的样品的质量也不相上下，汽车公司通知这3个厂家，约好时间到公司来开会以商讨细节问题。

厂家当然都明白这次会议的重要性，因此3个厂家都在来之前做了充分的准备。其中一个厂家选派的代表哈里先生思维严谨，说话很有条理，举止、气度不凡。

会议的当天，3个厂家的代表都准时到达汽车公司，与汽车公司的负责人进行了具体的沟通。在会议中，另外两家的代表为了给汽车公司留下一个良好的印象，发言积极，口若悬河，轮番介绍产品及服务特点，汽车公司的负责人听得连连点头，但就是没有表态。

轮到哈里发言时，他没有说一句话，只是向大家微微鞠了一躬，然后用纸片写了一句话："诸位，实在对不起，我突然得了喉炎，说话不方便，为了不影响大家，我已经准备好了贵公司所需要的关于我们厂产品的材料。如哪位能替我介绍一下，我将万分感谢。"写完之后把纸条交给了汽车公司的负责人。

负责人看完这张纸条后，给众人读了一遍，随后一边仔细看材料，一边向大家介绍哈里的产品和一些相关的资料。最终的结果是：哈里获胜了，他拿下了这单生意。因为负责人向大家介绍资料的时候，哈里适时地保持了沉默，负责人自己完全掌握了哈里产品的所有信息，而且哈里的资料把产品的利弊通通展示出来，让负责人一目了然，减少了信息整合的时间，这样既大大地方便了负责人，也把负责人和哈里拉到了同一条战线上。这样特殊的服务项目，帮助哈里拿到了订单。

通常，在销售产品时，销售员70%的时间都是在讲话，客户说话的时间往往30%都不到。这种做法有时虽然可以煽动客户的购买热情，但不能触碰到客户的内心。事实上，一个潜在的客户，在他觉得有充分的根据之前，他是不会轻易下决心或采取行动的。因此，明智的销售策略应该是，客户说话的时间变为70%，销售员在提供产品之前做好听众即可。随着客户陈述的内容，销售员适时回应客户的要求，报出产品的价格，介绍公司所能提供的产品信息，然后以几句简要的交代做个总结即可。

在销售过程中，客户多发言，有利于你从他的话中窥探出他的真实想法。如果你自己单方面滔滔不绝，不给客户表达意见的机会，客户会毫无兴趣，即使不当场拒绝你，也不会愿意继续谈这种无聊的话题。

因此，销售员在第一次接触客户时，就要努力了解对方在想什么、喜爱什么，诱导客户多说话。他说得越多，你从中了解的情况也越多，这对你下一步展开销售将会非常有利。

那么，如何促使客户讲话呢？销售员可以采用询问法，当最初的产品说明告一段落后，你可以这样问："那么，你觉得这套系列教材怎样？我认为对您儿子非常适合，正适合他这个年龄段呢！”大部分客户会说：“我觉得还好，但是有点贵呀。”从这些回答中，你就可以知道客户虽然想买，但是觉得价格昂贵。既然知道了客户的意愿，那么销售员就可以强调这套系列教材的好处以及这套系列教材对他儿子的重要性，并且再度询问探测客户的反应，那时客户或许考虑到教材对孩子成绩的促进作用，回答又不一样了，“钱是小事，毕竟能提高孩子的成绩，这可不是用钱能衡量的……”

面对一个陌生客户，销售员要想探知其喜好和想法，就需要积极引导客户说出他的诉求。因此，销售员在和客户谈话时，应注意做到以下几点。

1. 用心倾听

销售员在倾听时，应用心思考，琢磨客户的话。对方说话时，要全神贯注地听，注意与对方目光的交流。不要评价，有疑问时，可打断对方（一般不要打断）。此外，要心平气和地听客户讲话，不可带有敌意，也不可带任何偏见，并注意总结、概括或重申对方讲话中对自己有利的一面。

2. 耐心倾听

无论是激烈的观点，还是使人恼怒的话，都要让客户把话说完，切不可粗暴地打断客户。因为耐心地倾听是销售员对客户尊重的最好表示。

3. 积极回应

在同客户的沟通中，销售员不仅要耐心地倾听，还要有反馈性的表示。如，点头、视线相交、微笑等，在必要时附和几句。这样，客户会认为销售员在认真地倾听，进而愿意更多、更深地讲出自己的观点。在这个过程中，销售员可以不断将信息反馈给对方，以检验自己的理解是否正确，并引导客户谈话的内容。

4. 不轻易打断客户的谈话

客户谈话时，销售员可以给予必要的、简单的回应，如“对”“哦”“好的”等。除此之外，销售员最好不要随意插话或接话，更不要不管客户的喜好另起话题。

5. 谨慎反驳客户的观点

有时，尽管客户的看法有些偏激，但你需要记住：客户就是上帝，没有人愿意自己的观点受到质疑，客户尤其如此。所以，你也没有必要像是对待一场辩论比赛一样非要与你的客户就某个观点一争高下。

适当使用激将法

俗话说“请将不如激将”。在销售过程中，销售员可以巧妙地运用激将法，利用客户的好胜心、自尊心，促使他们做出购买决定，迅速签单。激将法的本质源于客户的好胜心理。每个消费者的购买动机并不完全相同，有的为满足新、奇、怪、美的心理需要，也有一种为满足自己的好胜心理。如果销售员能巧妙利用客户的这种心理，就会使成交顺利完成。当然，运用激将法时，销售员要采用适当的语言技巧巧妙地刺激客户，但又不能伤害客户的自尊心，从而使客户在逆反心理作用下顺利完成交易。

激将法通常用在一些对商品有购买心理，同时又有一些其他担忧，因此拿不定主意的客户身上。比如，销售员在使用激将法时可以这样说：“这么好的产品，您认为还需要与您夫人商量，然后再做决定吗？”“这事您不能做主，谁还能做主呢？”“我听同行说，您可是一个有主见的人。所以，请您现在就下决心吧！”这样，客户往往会下定决心。

一名销售员在向一位父亲推销小学生课外读物，他在讲述了这套课外读物的所有好处之后，这位父亲还是不置可否。

销售员见状说：“先生，这套课外读物的所有优点我们都很清楚了，对扩大小学生的视野非常有好处，而且就在我们这个小区里很多负责任的先生都已经给自己的孩子购买了这套课外读物，这不仅非常有利于扩大孩子的阅读量，而且容易帮他养成喜爱读书的好习惯，难道您不希望孩子从小就养成阅读的习惯吗？如果因为一套书，您的孩子从此爱上了阅读，那您就是对孩子产生终生影响的一位伟大的父亲，您还有什么好犹豫的呢？”

客户听了，虽然有所触动，但还是慢慢地说：“我当然很爱我的孩子，但关于你说的这套课外读物，我想还是再等一段时间吧！”

销售员：“我相信您对孩子的爱，所以您要时刻关注他们的健康成长，而购买一套课外读物是多么容易做到的啊，想想您的孩子在收到您送的这套装帧精美的书籍时，他们会有多么高兴啊，或许他们马上就会迫不及待地阅读。作为父亲，您能阻碍孩子们旺盛的求知欲望么？”

听到销售员这么说，这位父亲有所触动，他的喉头动了两下，但没有说什么，最终下定决心说：“好的，我听你的建议，这套书我给孩子买了。”

这位父亲为何最终买下一套非常昂贵的书籍？因为很多时候，荣誉和面子比金钱利益更有力度。当你不能用金钱利益来说服客户购买的时候，不妨尝试用荣誉、面子来激发他。

激将法的妙处就在于，虽然你是故意用某些刺激性的话语来刺激对方，对方或许也能意识到这一点，但他无可躲避，不得不立刻表明态度。在销售过程中，销售员若能在前期沟通中摸透对方心理，巧妙使用激将法，不但不会伤害到对方的自尊心，还会让对方在购买行为中获得心理上的满足，从而促使他尽快下定决心。

原一平在一次推销中遇到了一个性格比较孤僻的客户，经过三次拜访，这个客户对他还是不理不睬。第四次拜访途中，原一平想好了一套策略，一见面，原一平就对客户说：“您真是个大傻瓜！”客户一听愣了：“你说什么，你敢骂我？”原一平立刻笑着对客户说：“您别生气，我这么说可是有依据的，您先耐心听我解释。您知道我已经向您推销三次人寿保险了，但是您一直没有表态，我觉得有些奇怪，您明显比隔壁的邻居家更有钱，可事实上您知道吗？他的身价却比您高得多，因为他购买了800万日元的人寿保险，而您却对如此大的一笔财富显得那么无动于衷，我真的是很奇怪呢！”客户听原一平这么说，略一思索就最终决定，购买1000万日元的人寿保险。

可见，巧妙使用激将法可以减少客户的异议，缩短成交时间。所以，对于推销员而言，如果你有商品推销给客户，千万不能用“你不想买”而可以用“这种商品很贵，一般人买不起”来激他，因为前者不会刺激对方的自尊，后者却击中了他的要害，而对方为了挽回面子，必然会立即购买。当然，合理使用激将法，必须在前期的沟通中对客户有初步的了解，这样才能对你的销售工作起到促进作用。

有一个很有钱的商人带着新婚妻子在首饰店选购首饰，他的新婚妻子很明显对一枚标价38万元的翡翠戒指感兴趣。虽然商人非常富有，但是因为这枚戒指确实太昂贵了而有些犹豫，但他的新婚妻子却非常喜欢。这时，善于察言观色的售货员看透了一切，她满脸笑容地对这对夫妇说：“您真的很有眼光，前一段时间迪拜的某个王子携女友也来看过这枚戒指，而且也非常欢喜，但由于价钱太贵，最终没有买成。”富商听完销售员的话，一则为了证明自己也像那位王子一样有眼光和品位，二则为了证明自己比那位王子更有钱，他立刻从钱包里取出银行卡购买了那枚戒指。

在上面案例中，这位售货员对客户的心理揣度准确，简单几句话，就让富商下定购买决心，从而迅速促成了交易。因此，在同客户的沟通中，销售员要寻找出他的心理弱点，再合理运用激将法促进成交。

给客户一点儿紧迫感

心理学研究发现，当人受到威胁时，难免会产生一定的抗拒心理。因此，销售员如果能够对人们的这种心理合理地利用，就会很容易改变某些人的顽固心理。如，在一个房间的门上贴上“不准进入”的纸条，也许就会有很多人想进去看个究竟。同样，在推销活动中，如果销售员适时地告诉客户“我不卖”，那么客户购买的欲望也许会更大。

某家电公司的区域经理张强，想寻找一位代理商，以尽快打开某地市场。他考察了一家商场，发现这家商场有一定规模，不过，据说这家商场的老板架子很大，不容易接触。张强去拜访这位老板时，发现他果真十分傲气，谈话中不太把张强放在眼里。当张强和他谈合作时，他表示对这些蝇头小利并不在意，而且对张强明显表现出轻视的态度。于是，张强不再主动去找他，也不再给他打电话。

过了一周，该市正好有个政府组织的招商会，那位老板和张强都去了。会场上，那位老板发现张强对自己很冷淡，却与另一家商场的老板谈得很投机，他猜测张强正准备跟那个商场合作。他在心中认真地权衡了得失，懊悔不已。于是，他约了几次张强喝茶，但张强都借故推脱了。一周后，那位老板居然亲自来找张强谈合作的事情。在谈判中，张强没有做出任何让步，那位老板还是很迫切地把代理商协议签了。

在这个案例中，当张强热情地和商场老板谈合作的时候，商场老板狂妄自大，对张强的诚意视而不见；但在招商会上，张强开始冷落他，他马上开始冷静思考合作对自己的好处。很快，他对待张强的态度发生了180度的大转变，主动请求合作，直至最后签约，无疑这也将会对张强的工作产生积极有利的影响。

所以，在销售过程中，热情并不是征服所有客户的灵丹妙药。对于有些客户，你热情地向客户介绍了半天，但换来的是对方冷冰冰的拒绝。特别是有一些客户，甚至对销售员的热情产生敌对情绪，认为他们是有利可图才会这样热情，所以你越是热情，对方就越感觉自己会吃亏。因此，面对这样的客户，销售员可以有礼貌地冷淡他、疏远他，你不用担心生意会泡汤，因为销售员态度的改变会促使客户冷静下来认真思考。甚至有些时候，销售员也可以适当使用“威胁”的策略。只要运用得当，无疑会对你的销售工作起到良好的促进作用。

德国一家公司与美国底特律一家汽车制造公司谈双方的供货条款，在说到关于产品的价格问题时，德方认为自己采购量巨大，希望美方能够适当降低价格，但美方认为自己的产品供不应求，没有降价的可能。由于双方意见不一致，谈判僵持了一个多月都没有结果。最终，美国这家汽车制造公司的谈判代表下了最后通牒：“如果你还迟迟不下定决心，5天之后我们前期的合同就到期了，那时我们的合作将终结。”眼看公司将要面临断货的危险，德方不由得焦急起来，在迟疑了一天之后就接受了谈判条件。

由此可见，在销售过程中，销售员适当运用“威胁”的策略，可促成生意。在实践中，销售员可以采取以下措施。

1. 限制商品数量

当销售员发现客户对某种商品感兴趣时，你不妨在说明商品质量可靠、价格实惠的同时，再加上这样一个善意的提醒："只剩下一件商品了，如果错过，就需要等到一个星期以后再来了。"这种说法会很有效地促进销售。

2. 限制销售时间

客户之所以不能下定购买决定，在很大程度上是因为他们以为购买决定没那么紧迫。销售员要让客户尽快下决心，就要打消他们的这种意识。销售员设置最后期限越彻底，对方的拥有欲望也就越强。比如"只有最后一天"，这就暗示了客户除非现在就选择购买，否则以后再买，就需要支付更多的钱，甚至根本就买不到，这样就会促使客户果断地购买你的产品。

3. 表达要委婉

由于给客户制造紧迫感会让他感到不舒服，如果你再言辞激烈，极度伤害了对方的感情，对方很可能就会一时冲动离开，这对双方都是不利的。因此，销售员要委婉地表达。

容忍才会有成功

对于销售员而言，坏脾气偶尔会被看成是魄力与决断的代名词，但是如果你不加控制地乱发脾气，不仅会使心中的怒火难以化解，还会使事情的局面恶化，甚至会使群体遭殃。同时，相互之间的推诿、争论、猜疑和不信任就会相继而来，这样无形之中就会产生一种不和谐的气氛，一旦这样的不良气氛肆意蔓延，就会给许多销售员罩上不利的“晦气”。而销售现实利益和潜在利益，都会成为坏脾气的“陪葬品”。

“忍耐”的心理，有被动的，也有主动的。面对客户的不理解与异议，我们要培养自己豁达的胸怀。毕竟我们推销的产品，并不能保证每个客户一看到就喜欢、就认可，很多时候，我们在为客户推销产品时，客户都是抱着怀疑、审视的态度，这时就尤其需要我们能忍。我们的忍，在客户眼里，会是一种职业素养、一种大气。

但很多时候，人们在控制自己的情绪方面，总是容易走极端，要么消极悲观、妄自菲薄，要么狂傲不逊、自以为是。这些情绪在销售工作中都是触碰不得的高压线。妄自菲薄只能让人陷入沉沦的泥潭，自以为是则会使人走向失败的深渊。相反，能忍，很多时候会让事情出现转机。

日本“推销之神”原一平刚进入保险公司，就向一家大型汽车公司推销企业保险，可是那家公司一直以不参加企业保险为原则，无论哪个销售员，都没能打动公司总务部部长的心。原一平连续两个月去拜访这位总务部部长，从没有间断过，最终总务部部长被原一平的这种精神打动了，决定见他一面。看销售方案时，没想到他只看了一半，就对原一平说："这种方案，绝对不行！"原一平回去后对方案进行了反复的修改。第二天，他又去拜访总务部部长。可是，这位部长却冷淡地说："这样的方案，无论你修改多少次都没用，因为我们公司有不参加保险的原则。"原一平气往上冲，对方说昨天的方案不行，自己熬夜重新制订方案，可现在又说修改多少次都没用，这不是在戏弄人吗？但是，他转念一想，我的目的是推销保险，对方有所需，自己的保险对其又是有百利而无一害，这单生意完全有可能成交。于是，原一平冷静下来，说了声"再见！"就告辞了。从此以后，他仍坚持游说这位部长，一天又一天，一次又一次……终于，原一平凭着自己的忍耐力，促使对方签订了企业保险合同。

在人际交往中，从某种程度上说，能忍、有毅力，也是一种出色的沟通能力。所以，我们在与客户交往时，要有一种自控、忍让的能力和观念，但这并不意味着放弃和退缩。要做到既忍让又不失原则，就必须做到反应灵敏，事先多制订几个方案，做到有备无患。

销售工作包括重要日常事务和各种突发事件，销售员要想做好这一切，必须学会忍耐。既要在心理素质上具备这种能力，又要在工作当中具备这种能力。因此，销售员在客户面前应努力驾驭自己的情感，控制自己的脾气，克服自己习以为常的意念与行为习惯。优秀的销售员之所以优秀，就是因为他们都能驾驭自己的情感。

而且，从事销售工作，被拒绝、被指责、被误会在所难免，总有好多事情让你不由自主地气愤。这是由"销售员"这个职业的特点决定的。你如果想在销售上取得成功，就必须做到"忍字当头"，冷静处理种种事端。因此，你要想做一个成功的销售员，就必须控制以下几种情绪。

1. 乱发脾气

做销售工作，被拒绝如家常便饭，这时不应乱发脾气，而应时刻保持一颗冷静的心。有些销售新人在愤怒情绪的支配下，往往不顾别人的尊严，以尖酸刻薄的言辞予以还击，使对方的尊严受到伤害。实际上，这样虽然能使心中的怨气得以发泄，但到头来吃亏的还是自己。

2. 猜疑

猜疑是生意场中的腐蚀剂，它可使即将成交的生意化为泡影。如果与客户发生误会，交易就难以取得成功。销售员一定要与客户保持畅通的交流，否则就会因为猜疑而失去客户。

3. 妒忌

妒忌对一个人的身心健康是极为不利的。对于销售员而言，如果看到其他同事取得良好的业绩就妒忌、诅咒甚至诋毁，遭遇挫折就幸灾乐祸，那么他根本不可能得到同事的帮助，在销售工作中也难以打开局面。

4. 恐惧

一次失败的经历或尴尬的遭遇都可能使人变得恐惧，特别是对初出茅庐的销售员来说。比如，一名销售新人首次拜访客户就遭到拒绝，那么当他下一次拜访客户之前，心里难免会有一些恐惧的阴影。造成恐惧的原因大多是销售新人缺乏自信，要想克服这一弱点，销售新人必须苦练推销技巧，练就过硬的心理素质，敢于去登门造访。

5. 焦虑

产生焦虑情绪而不想方设法加以控制和克服，就会在客户面前失去自信。这样一来，客户就很难相信销售员所推销的产品。

6. 自珍情结

坏脾气的人通常会为自己定格：“我这人就是脾气急了一点，但是心肠比较好，为人正直，而且是个性情中人。”这样的人通常有自珍情结，而且会把自己在某一环境下的坏脾气变成习惯，不经意之间便奉为信条，这样一来，坏脾气就成了不良性格。

第七章
电话销售——找个恰当的理由给客户打电话

- “一部电话打天下”，你信吗?
- 现实中，很多人就靠一部电话解开了财富密码。
- 作为一名销售员，若想成为电话营销高手，其中的秘密就不可不知。

电话交谈的基本技巧

一般而言，电话交谈的技巧主要有以下几点。

1. 说出对方公司的全名

平常我们称呼别人时，都会在名字后面加上先生或小姐作为尊称。如果对方是公司时，就常常省略后面的尊称造成对方的不愉快。因此，无论对方是人或是公司，我们都应秉持尊敬的态度称呼他。不嫌麻烦地把对方公司的全名都说出来，才不至于让对方认为我们没有礼貌。

2. 注意私语

电话处于传送信息状态，我们称为通话；而当通话途中，传入了第三者的声音时，则称之为私语。

例如：“林小姐吗？请稍等，我帮你转给夏先生。”“夏先生，林小姐的电话。”此时，夏先生如果大意，不管对方是否听得到自己的嗓门，就说：“伤脑筋，你跟她说我不在。”这种话若被对方听到了，一定会很生气。

3. 音量适中

有活力的声音最美，与人电话交谈时更要保持活力和热情，否则你的声音会显得十分疲倦、颓丧和消极。

如果你打电话时声音变得越来越高，可以采用“铅笔法”：手握一支铅笔，举到距离你约25.4厘米的地方，然后对着它说话。如果感到你的声音在这个距离内显得过高，就把铅笔放在低于电话听筒，或与茶几同高的位置，并提醒自己降低音调，运用共鸣。

4. 以应答促成电话交谈成功

面对面交谈或电话交谈时，听者所注意的重点显然不同。就前者而言，纵然说话失礼，也可以用表情弥补。只要谈话气氛和谐，就不会发生问题。但电话交谈则不然。往往会由于一句无心的话而得罪对方或招致误解。无论以任何表情表示，也无法消除对方的怒气，因为对方看不见表情。

在工作正忙碌时，却接到客户的电话，对方只是闲话家常，而且越谈越起劲。你虽然想马上结束谈话，但又担心得罪人，只好勉为其难地应付。随着你焦急的心情，语气就会从恭恭敬敬的“是”改成“嗯”“哦”。渐渐地，对方会察觉你的态度不恭，而对你感到不满，但其实，对方根本不了解实情。因此，碰到这种情形时，你不妨主动说明事实，以委婉的语气结束交谈。

由于电话交谈纯粹是语言沟通，应避免敷衍了事。此外，若是沉默时间太久，必然引起对方误解，以为你没有专心听讲。所以必须趁对方说话告一段落时，插上一句“不错”或“是啊”，以促成谈话顺利进行。

通电话时看不见面部表情，因此要特别注意声音，因为声音也能反映一个人的表情。倘若感到不耐烦时，对方照样能从声音中感应出来。

我们必须学习打电话时的礼貌用语，培养恭敬的态度。当然，这需要经长久的训练才能养成。我们常见有人一手握着电话听筒，一手按着计算机，或一面喝茶、抽烟，一面接电话，这些行为均应避免。虽然电话交谈彼此都看不见，但是仍要保持基本的礼貌。

电话开场白要说好

你如果试着蒙住两个人的眼睛再进行交谈，就会发现不到1分钟便无话可说了。不是一起开口说话，就是彼此沉默不语，总是无法顺利地进行。

电话是一种见不到对方的交谈，虽然有人只想听到对方的声音就好，但是你的一句话，给予对方正面或负面的影响，有时会比你想象的要大得多。

由电话的另一端传来的声音，任何一瞬间都有可能影响对方的情绪。虽然这一部分与面对面的交谈相同，但是两者最大的不同，在于电话的谈话，无法直接观察到对方的情绪变化和他的脸部表情。为什么这一点如此重要？因为对方的情绪已经起了变化，而在电话另一端的人却不一定能完全察觉出来。

当对方情绪已经起了变化时，你如果没有察觉而又说了一大堆，那么对方还愿意继续听下去吗？所以，在接听电话时，第一句话就给对方留下良好的印象，有利于接下来的交谈。

尽管我们都不太愿意承认，但是我们总是凭借和对方的简短接触就给对方的形象下定义，也许是在两三分钟之内。在通电话时，也许就是接听电话的前几句话，我们就会决定是否喜欢他们，或是否愿意和他们交往下去，而此形象一旦定格，就很难改变。为了避免给来电者留下不好的形象，我们必须注意接听电话时的前几句话。为了做到这一点，很多商务公司都规范其公司的接听语，如：“早上好！××公司。”甚至有的国内企业为了提升其企业的档次，要求员工必须用汉语和英语接听电话，虽然只是几句英语，却无形中使来电者觉得：听起来，这公司似乎很正规，也许和国外有业务来往，等等。因此，接听电话的前几句话显得尤其重要。

为了达到这种效果，给对方留下积极的印象，接听电话之前必须注意控制好语气、音量和说话的速度，最好是平和的语气，中等音量及中等的速度；按照你的职业习惯表达的第一句话，应该以积极、热情、乐于助人的态度一气呵成。

许多电话营销人员喜欢使用这样的开场白："您好，我是××公司的××，可以打扰您两分钟吗？"

这句话从打电话方来分析并没有什么问题，是个很礼貌、很合理的电话营销开场白。但从接电话方分析，就有很大问题。

因为这种开场白容易使接电话方产生警惕心，甚至反感。"又是哪个公司的推销员？会不会是骗子呢？"客户会觉得有疑问，为什么要给你两分钟？陌生人打我电话有什么好的事情？

好的开场白就是成功的一半，千万不要让客户产生警惕心理，有困惑，否则成功的一半就没有了。

作为一个成功的电话营销人员，电话营销话术讲究在报上自己的公司和姓名后，再问客户一句："现在接电话方不方便？"

事实上，很多时候客户接到推销电话都是在不方便的时间，但是很少有人真的会这么回应。他们反而会问你为什么打电话来，这就暗示你可以继续讲话了。

你也可以采取比较诚实而幽默的方式，例如："这是一个推销电话，我想您不会挂电话吧？"根据人们的经验，此时10人中只有1人挂断电话。

所以，电话营销话术要求你在打电话的前10秒就要抓住客户的注意力，并引发他的兴趣。30秒内就决定了后面的命运：是结束还是继续。

历经波折找到你的目标客户后，必须要在30秒内做到公司及自我介绍，引起客户的兴趣，让客户愿意继续谈下去。即销售员要在30秒钟内让客户清楚地知道下列3件事。

（1）我是谁，我代表哪家公司？

（2）我打电话给客户的目的是什么？

（3）我公司的产品对客户有什么用途？

开场白最好用简短精练的语句表达自己的意图，因为没人会有耐心听一个陌生人在电话里发表长篇大论，而且客户关心的是这个电话是干什么的，能够给他带来什么，没有用处的电话对任何人来说都是浪费时间。例如：“您好，张总，我是××果业有限公司的×××，我们公司主要是做各种高档水果、干果产品配送，还制作各种高档礼盒。我们的产品可以作为员工福利、节日礼品发放，同时还能提供给您的客户，以维护好您的客户关系。”

注意：电话里，不要总是问客户是否有兴趣，要帮助客户决定，引导客户的思维；面对客户的拒绝不要立刻退缩、放弃，而要坚持。

说好开场白要注意以下几个技巧。

1. 说好第一句话，建立初步信任

开场白的技巧就是要快速解决客户心中的疑虑，这样才能有继续的可能。而其中，第一句话非常重要。通常是表明我们是如何知道客户信息的？比如，保险公司和银行信用卡部门合作，第一句话通常说的是：“您好，请问是×××先生吗？我是××银行客户服务中心的×××，现在有时间吗，我想做个回访。”

2. 不要给客户拒绝你的机会

大部分没有受过训练的销售新人只知道说，或者提出很容易被客户拒绝的封闭式问题，例如“好不好”“是不是”“可不可以”。客户一个“NO”字就前功尽弃。

优秀的销售员在每次对话中，都非常注意问题的设计，基本上已经养成以开放性提问结尾的习惯。例如：“我今天找您是为了介绍一项特殊的顾问

服务类型‘操盘’，您对这样的服务形式了解程度如何呢？”这样客户便不容易挂掉你的电话。

但封闭性问题并不是在整个开场白阶段都不能用，当客户对你的服务感兴趣了，向你请教或咨询意见时，你用封闭式的问题来进行诊断，这个时候封闭式问题便容易建立信任。例如“您目前的需求情况可以简单描述一下吗？”（这是开放性问题）“您认为这项需求是非常重要的吗？”这个问题就是封闭性问题了。

3. 对不同的人给予不同的利益诉求

每通电话通常时间很短，一般在3.5～4.5分钟。开场白里需要精练地概括出你的产品给目标客户带来的好处。比如，你是一个咨询顾问公司的销售员，打电话给一个高层管理者，对方问你：“请问找我有什么事情？”由于高管通常很忙，你就必须用一句话来概括你的产品和服务对他的利益：“胡总您好，我们公司是一家帮助企业建立电话行销系统，提升利润水平的咨询顾问公司，目前在您这个行业，某某（对手名字）也是我们的长期战略客户。今天打电话给您，主要是希望让您来了解我们的服务，互相交流，探讨合作的可能性，您想知道某某（对手公司）是如何使用了我们的服务后，在3个月时间里，业绩增长了4倍的情况吗？”

总之，在电话开场白中，我们要让客户感到亲切，利用客户的好奇心，用问题吸引客户，指出产品为客户带来的益处，让客户有兴趣继续接听你的电话。

给对方时间考虑

在给人打电话时，要想取得对方的信任，争取到合作的机会，不妨给对方一个考虑的机会。

老武：“周经理，我是老武，我今天想在你们酒店订两间客房，如果你帮我预订，每间每晚多少钱？”

周经理：“你现在通过其他途径能拿到什么样的价位？”

老武：“大约每间每晚700元。”

周经理：“那也差不多，这儿大部分酒店开始进入旺季，各酒店的房价都在上涨。如果我帮你预订，在我的权限范围内，恐怕也低不了多少。据说春秋旅行社可以拿到最低的价位，你看这样好不好，你到春秋旅行社试试。如果不行，我再帮你预订，你看怎么样？”

老武：……

周经理：……

老武：“好吧，我先到春秋旅行社试试看。”

周经理：“好的，记着，如果春秋旅行社那里不行，一定给我电话。”

老武：“好的。”

老武的沉默是在思考，他也许在考虑自己是否有春秋旅行社的朋友，若找旅行社，会不会很麻烦；也许通过周经理，虽然价位低不了太多，但是可避免一些麻烦，诸如此类的事情。

这时，这位周经理表现得很好，也保持沉默，给对方思考的空间，而不是直接说："就这样吧，你先找春秋旅行社吧。"然后挂了电话。这样做无疑是没有给老武一个选择的余地，暗示自己不太愿意帮忙，你去找别人吧。

即使在通话快要结束时，这位周经理还再次提醒对方，如果其他途径不行，一定要回来找他，表示了十分乐意帮助对方，这就给别人留下了良好的印象。

给对方考虑的机会，也是给自己铺平道路，省去不必要的麻烦，比如下面这个例子。

1998年，一群波黑人为了将走私的武器尽快运到前线，他们采取了一个无法无天的行动，劫持了美国某航空公司从纽约机场到芝加哥的一架班机。并要求机长违规降落在他们指定的地点，为他们运输武器。

僵持期间，飞机兜了一个大圈，飞过蒙特利尔、纽芬兰及伦敦，最后降落到法国的戴高乐机场。在这里，恐怖分子击穿了飞机的轮胎。最后法国警察向恐怖分子下了最后通牒。他们说："听着，你们可以继续按你们的原则做事。但是，美国警察已经到了。如果你们现在放下武器跟他们一块回美国去，你们将会被判处2～4年的监禁。这就意味着你们也许在10个月左右被释放出来。"法国人说完，沉默了一下，然后继续说："但是，如果我们不得不逮捕你们，按照法国的法律，你们将被判处死刑。你们愿意选择哪条路呢？"

最后，劫机者决定投降。

法国警察在这里用了一个疏导而不是逼迫的策略，他们给劫持者指出了两条路，也就是为对方提供了选择范围。而且这种选择是由劫机者自行决定的，而不是警察命令的。警察如果用强硬的态度逼迫劫机者就范，也许就会把对方逼上拼死一搏的绝路。

要注意控制通话时间

不知你有没有这样的行为：给客户打电话时，总说个不停，最后客户说“我还有事，改天再说吧”，或者干脆直接挂断电话了事。其实，与客户通话时间过长，往往会引起客户的反感，所以才有人提出“打长电话不如常打电话”，即我们可以有意识地缩短谈话时间，但要增加通话次数。事实证明，在与客户沟通时，这种方法还是非常有效的。

据调查，每次电话拜访客户时，最好把沟通时间控制在3分钟以内，超过3分钟，会让客户有些不耐烦，同时销售员自己也会觉得说话不够简洁明了。所以，在3分钟内，你要把自己的身份、产品、打电话的来意、客户的需求等信息都快速表达与掌握。特别是在进行自我介绍时，力争不要超过1分钟，简单将自己的情况介绍清楚，这就需要做好打电话前的准备工作。

此外，还应注意接听电话过程中的一些措辞，主动及时地表达出来，避免不必要地反复提问。比如在接听电话时说：“早上好，这里是康盛商务公司，我是陈小刚。”这样就可避免对方问“你是谁”，或者交谈到一半时，突然觉得不对劲，才想起问对方：“请问，怎样称呼？”如果你知道通话需要一段较长的时间，最好在你们开始谈话时，对你的朋友说：“陈先生，现在说话方便吗？”或“你有时间说话吗？”如果更多的人采用这种方式，对电话打扰的抱怨就会减少许多。

由于电话交谈只是纯粹的语言沟通，因此只要稍不留神，就很容易将重要的事情传递错或出现偏差，这往往是由于听者听错或片面理解以及表达有误或有偏差造成的，这不仅影响了电话交谈的质量，同时还影响到接听电话的时间。因此，为了节省时间又能明确传递信息，有效拨打电话，应做好如下几个方面的准备工作。

1. 选择在“对的时间”打电话

（1）以一星期为标准。星期一，这是双休日结束后上班的第一天，客户肯定会有很多事情要处理，一般公司都在星期一开商务会议或布置这一周的工作，所以大多会很忙碌。如果要联系业务，应尽量避开这一天。如果我们找客户确有急事，应该避开早上的时间，选择下午会比较好。

星期二到星期四，这三天是正常的工作时间，也是进行电话业务最合适的时间。电话业务人员应该充分利用好这三天。这也是业绩好坏与否的关键所在。

星期五，一周的工作结尾，如果这时打电话过去，多半得到的答复是：“等下个星期我们再联系吧！”所以，这一天可以做一些客户信息的整理工作。

（2）以一天为标准。早上8：00—10：00，这段时间大多数客户会紧张地做事，这时接到业务电话也无暇顾及，所以这时，我们不妨先为自己做一些准备工作。10：00—11：00，这时客户大多不是很忙碌，一些事情也会处理完毕，这段时间应该是电话销售的最佳时段。11：30—13：00，午饭及休息时间，除非有急事，否则不要轻易打电话。13：00—15：00，这段时间人会感觉烦躁，尤其是夏天，所以，一些重要的生意可以避开这个时间。15：00—17：00，努力地打电话吧，这段时间是我们创造佳债的最好时间。

当然，以上对打电话时间的分析只是基于一般情况而言，并不是绝对的，具体情况，还需要我们根据实际来具体分析。

2. 准备与谈话内容相关的资料

如果谈话内容很重要，可以先将谈话的资料邮寄或电传给对方，让对方详尽考虑，这样在电话交谈时简明扼要，更有针对性，而不必再向对方解释每个细节，以便节省时间。

自己要准备充足的资料。若是谈到一半，才想起需要的资料在某一个角落里，需要对方等待一段时间才能将资料取出，这不仅浪费了对方的时间，还影响了谈话的气氛。此外，打电话前没有准备相关的资料，还常会出现所表达的内容要点不全面，东一件事，西一件事，让对方搞不明白究竟哪件事才是最重要的。如果提前做好准备，那么一切都会有条不紊，比如："我给你打电话，有三件事需要和您商量，首先是……其次是……最后是……我来总结一下，看我们是否达成共识，第一件事，我们认为……第二件事是……最后是……是这样吗？"

当准备好所有的资料后，还要列出发言的要点，将其逻辑联系起来，不要太依赖临时组织的谈话要点。

3. 设想对方要提出的问题

当我们拿起电话和对方交谈时，对方肯定会提一些问题，因此控制电话时间就需要事先设想对方可能会提出的问题，并且拟定合理的回答。如下面这个例子：销售部打电话给生产部，要求生产部派人向在场的客户解释产品的生产流程，以增加客户对产品的信任度。销售部经理给生产部打了电话："帮我叫王师傅到销售部办公室来一下。"生产部的同事说："为什么要吴师傅到销售部，有什么事吗？"销售部经理说："来了就知道！"由于生产部正在召开一个会议，见对方如此说，觉得不像是急事，于是就让王师傅先开完会再说。如此一来，就失去了向客户解释的机会，结果误了事。这主要是因为销售经理只知叫王师傅来，却没有回答对方提出的问题。

4. 不要占用对方过多的时间

当你主动打电话时，应尽量控制通话时间，不要占用对方过长时间。特别是需要对方用一段时间去考虑或查找相关资料，或对方需要时间去向上一级报告时，应考虑给对方时间，以免影响对方的工作进度及工作情绪。

5. 适时结束通话

有的人不管对方是否愿意继续接听电话，只顾自己高兴，谈得津津有味，其乐无穷。其实，电话销售员应该培养一种习惯，在将所有的问题要点解释清楚并讨论完毕后，应提醒自己适时结束电话。并且说几句客气话，如“非常高兴能和你交谈”“真的很高兴你告诉了我这么多的事情”等，以显热情。不可粗鲁地挂断电话，以免对方误认为你在摔电话，应顺其自然及以友好的方式结束电话。

6. 缩短谈话时间，增加通话次数

对于一些新客户，我们第一次电话拜访，3分钟内未必能与对方达成交易，而通话时间过长又容易造成客户反感，该怎么办呢？我们可以增加通话次数。在每次通话时，客户的精力是有限的，聊得时间太长、谈的话题太多，客户未必能一一记住，所以可以缩短谈话时间，突出重点。有些问题不便于一次性说完，那就分几次说，这样更便于客户消化与接受谈话信息。增加通话次数，也是对客户的一种有效跟进。

绕过前台或总机的沟通策略

在电话销售过程中，销售员往往不会顺利地与潜在的客户见面，因为往往还有前台或总机之类的障碍横立在你面前。因此，要想顺利与客户沟通，你就必须先绕过那些障碍。

我们接下来介绍几种有效绕过前台或总机的策略。

1. 找到对方董事长或总经理的名字

在打电话时，直接找老总，若对方问你是谁，你就说是其客户或者朋友，这样找到老总的机会会大一些。而且，如果你能与对方老总联系上了，你的推销成功性将大大增加。因为你要找的一个部门负责人，可能主要是职能人员，最终决定购买，还需要老总的同意，而你若是能够直通老总，接下来再把产品性能、用途、价位与职能人员沟通好，一般成交也就近在眼前了。再者，作为老总，对企业前途方面，责任心是更强的。如果你的产品或服务确实能给该公司带来很大帮助，就会引起他的重视的。

销售员："请问吴××总经理在吗？"

前台："在。请问您是哪位？"

销售员："我姓李，是吴总的朋友。请问吴总在办公室吗？"

前台："在。"

销售员："好的，请你为我转一下吴总吧。"

前台："好的，稍等。"

稍后，吴总接电话。

吴总："你好，哪位？"

销售员："您好，吴总，我姓李，××管理咨询公司的。请问您现在接电话方便吧？"

吴总："方便。请问你有什么事情？"

销售员："是这样的，吴总。我们公司主要是为企业提供市场分析、战略咨询的。请问这方面业务是和您联系，还是由您公司的市场部负责呢？"

吴总："这件事情由市场部具体负责，你先和市场部联系吧。"

销售员："好的，吴总。请问我需要和市场部的哪位联系，他的联系电话是多少呢？"

吴总："你找市场部的薛斌经理，他的电话分机你问下前台吧。"

销售员："好的，吴总，很高兴认识您。咱们这个管理咨询项目对企业发展是很重要的，很多公司都选择了这个咨询项目，也都显著提升了企业的竞争力，获得了更好的企业效益。我这里有份项目简介，给您发去一份好吗？"

吴总："好的。"

销售员："请问您的邮箱是多少呢？"

吴总说了一下邮箱。

销售员："好的，吴总，我会在今天下午下班前给您发一份项目简介，邮件内也会有我的联系方式，我叫李××。请您方便时查阅。我不打扰您了，咱们保持联系，也祝您工作开心，再见，吴总！"

吴总："再见！"

在这个对话中，销售员由于提前找到了对方企业的负责人，并与企业负责人进行了有效沟通，通过与其沟通还间接找到职能人员，从而方便了他的推销工作。但在现实中，一个企业的老总通常很忙，我们即使找到对方的名字，前台转过去了，对方也未必在办公室。这时，就需要我们多找几个企业高层管理人员，如果我们能潜心研究一下你要开发的企业老总的个人简历，对对方的情况了然于胸，这对你的客户开发与沟通工作是很有帮助的。

2. 多准备几个客户电话

如果遇到前台挡驾，就拨打不同的号码，前台一般也不止一个人，或许会有人告诉你目标客户的手机号，或者帮你转接的。

如果你经常拨打一个公司的电话，常遇到前台挡驾，而这个前台已经熟悉了你的声音，使你无法再拨打这个公司的电话时，你可以让同事帮你打，或许换个人拨打，可以从前台那儿打开突破口。

3. 以对方合作伙伴的身份拨打电话

比如："你好，我是××公司，请帮我接一下你们老板的电话，昨天我发了份邮件给他，想确认他是否收到。"

4. 假装认识对方的负责人

比如说："找一下你们王经理，我是××公司×××，之前我们联系过谈合作的事。"如果回答没有这个人，可以说："哦，可能是我记错了，他的名片我丢了，请告诉我他贵姓，电话多少？"

5. 恳求帮助

比如："小姐，您好！我有急事需要马上跟赵总商讨一下，您可不可以帮我把电话直接转给赵总？"

一般来说，销售员提出这个要求时，如果所说的话非常贴切有礼貌，对方是很难拒绝的。

6. 用私事为借口

比如："小姐，您好，我跟李总之间有些私事，我想您一定不太方便替老总处理他的私事吧？"

一般来说，秘书害怕处理老总的隐私，万一处理不好就要被炒鱿鱼，因此就会马上给你转进去。不过，此时你讲话的语言、声音要让对方感觉到你跟老总之间有私交。

7. 别把你的名字跟电话号码留给前台或总机

如果负责人不在或是没空，就说："没关系，负责人一般什么时候在呢？您看我什么时候方便打过来，要不我下午打过来？"这样接电话的人就很难再拒绝你了。通常情况下，你把自己的信息留给前台或总机，只能让自己在以后的销售中更被动，而前台要你留下名字与联系电话，绝大部分情况下都是为了敷衍你。

总之，在电话销售中，只要采取适当的方法，就可以有效绕开前台或总机，找到目标客户联系人。

化解电话拒绝，编造借口见个面

我们打电话的最终目的是销售产品，这往往需要和客户坐下来面谈。通常情况下，客户的时间是宝贵的，能留给我们的时间一般也是不多的。所以，当我们提出想与客户见面详谈时，客户多会拒绝。如果我们能通过第三方引见固然好，但如果找不到第三方时该怎么办呢？难道我们的业务就不开展下去了吗？

显然不是的。面对客户找出的各种拒绝借口，我们必须学会见招拆招、有效化解，才能获得与客户见面的机会。

下面针对一些典型的拒绝理由，我们提出一些化解的策略，以供参考。

1.“我没有兴趣。”

面对这样的拒绝，我们可以这样说：“我非常理解，先生，要使您对不清楚有什么好处的东西感兴趣实在是强人所难。正因为如此，我才想向您报告或说明。您看我星期一或者星期二过来拜访您，行吗？”

遇到这样的拒绝，销售员可以应用同位心理效应，让双方站在同一平台上，拉近彼此间的距离；然后突显产品的价值，同时表达对客户的尊重；最后确认时间，礼貌赢得谈话机会。

2.“我现在没时间。”

面对这样的拒绝，我们可以这样说：“您的下属都说您是大忙人，我也能感受到您的时间很宝贵。如果打扰您，我也很过意不去，但我必须给您打这个电话，因为这个方案对您来说真的非常重要，为了节约您的宝贵时间，我明天将方案直接送给您，您的办公地址是某某街××号，对吗？”

遇到这样的拒绝，销售员可以首先为打扰客户表示歉意，以减轻客户的对立情绪，然后说明“重要性”来激发客户的兴趣，同时传达这样的潜台词——“我是站在你的角度做的决定”，最后以确认地址来先入为主，引导客户同意。

3.“我考虑一下，再给你电话。”

面对这样的拒绝，我们可以这样说：“欢迎您来电话，您看这样是不是效果更好些——我星期三下午去您那为您解说，更便于您的了解，或者我是星期三上午去比较好？”

遇到这样的拒绝，销售员不如主动出击，与客户确定见面时间，同时也使客户真的考虑一下。

4.“请你把资料寄过来。”

面对这样的拒绝，我们可以这样说：“先生，我们的资料都是精心设计的纲要和草案，只有配合人员的讲解才便于更好地了解，而且要对每一位客户再做个性化修订，等于是量体裁衣。所以最好是我星期四或星期五过去向您讲述。您看哪天比较好呢？”

遇到这样的拒绝，销售员最好努力找出充足的理由，取得面谈的机会；再了解客户需求，做到有的放矢；最后以“二选一”法给客户选择时间的机会。

5.“在电话里说。”

面对这样的拒绝，我们可以这样说：“李总，谢谢您给我在电话里解说的机会。电话里解说会比较浪费您的时间，也不会给您一个直观的感觉，您看我能不能在明天下午和您见个面，只要5分钟时间就可以了，您看行吗？”

遇到这样的拒绝，销售员应争取赢得和客户见面的机会，然后再见机行事。

6.“我现在可能不需要。”

面对这样的拒绝，我们可以这样说：“黄总，我们也要考虑这项业务日后的发展，您先参考一下，看看我们的供货方案优点在哪里，是不是可行。所以，我星期五过来还是下周一过来比较好呢？”

遇到这样的拒绝，销售员可以先说明双方的利益关系，拉近彼此距离，然后说明产品的优点，确认客户的真实需求。

7.“抱歉，我没有钱。”

面对这样的拒绝，我们可以这样说：“我了解。正因为如此，我们现在开始选一种方法，用最少的资金创造最大的利润，这不是对未来的最好保障吗？在这方面，我愿意贡献一己之力，可不可以本周末，或是下周三来拜访您呢？”

遇到这样的拒绝，销售员先要化解客户的对立情绪，一般情况下，客户说没钱不一定是真没钱，很多时候只是一种拒绝的理由；化解了客户的对立情绪后，再让客户感觉销售员是来帮助他解决问题的，而不是纯粹来赚钱的。

8.“我觉得太贵了。”

人们普遍认为“贵”就是花钱多，尤其是花在一些认为不值得的情况下。“贵”其实是一种感觉，通常人们认为“贵了”就是价格高于价值，“不贵”就是价格等于或小于价值。

销售员要想让客户感觉到商品的价值，就要用事实说话，让他多一些实际体验，让客户从内心体会到产品的优越性，意识到该产品的价格低于或等于该产品的价值，从而消除客户的价格异议，让他觉得物有所值。

总之，在销售中，类似的拒绝还有很多，我们要把客户的拒绝转化为肯定，动摇客户拒绝的意愿，趁机跟进，并引导客户接受自己的建议。作为一个销售员，客户拒绝你时，正是你施展销售本领的大好时机，要努力争取与客户见面交谈，以促成交易。

结束通话时为销售做好铺垫

当销售员与客户交流了一段时间，基本上解决了客户提出的异议后，临结束通话时，要再次确认客户的疑虑是否消除了，对解答是否满意，并试探客户的成交意向。若客户还有疑虑，销售员可以继续为客户解答。若这一次沟通无法消除客户的顾虑，销售员要继续与客户保持联系与接触，直到客户满意为止。

销售员在解答客户异议时，也可以直接请求对方做出购买的决定，或为下次的跟进做好铺垫。比如说“我们刚才讲解产品的优势，相信您对产品也有了较多了解。现在这款产品有很大幅度的优惠，您看怎么样呢？”或者“您如果暂时还不能决定下来，那么您可以考虑下，我后天上午再和您联系，好吧”等。

当然，在提出成交的请求时，销售员要注意时机：只有等客户的主要异议得以解答以后，才能提出成交请求。不可以太突然，以免对方防备心理过大，从而直接拒绝了事。如果销售员对客户异议及心态判断不准，就会使他们认为提出成交是销售员太天真、太幼稚，从而引起客户的反感情绪。

为了在电话即将结束时，能够果断地把握机会，促成交易，我们可以从以下几方面入手。

1. 决不轻易放弃

如果客户说“今天先聊到这儿吧，过几天再说”或者“我们两个月后再谈”这样的话，我们通常可能会说：“那好吧，到时再联系。”——然后有种梦想成真的感觉，并臆想这个客户会跟我合作，不过是时间问题。事实上，这不过是客户结束通话的一个借口，而且你也很可能要失去这笔交易。因为，任何人在做购买决定时都是感性的，只要热情一过，他就会慢慢冷静下来。客户会逐渐忘记他为什么在那一刹那被你的产品和服务吸引，而他当时的冲动、热情、好奇也会随着时间的推移而逐渐衰退。那么，你之前所做的所有销售铺垫都将功亏一篑。因此，销售员一定要果断把握时机，绝不能轻易放弃到手的机会。

2. 帮助客户比较分析

客户在购买商品时犹豫不决是由很多原因造成的。很多时候，在选购商品时，客户一般都会抱有这样的心理——希望能够买到物美价廉、称心如意的东西。因此在购买时，客户常常会货比三家，从众多的商品中选择最适合自己的一款。但是，在实际购买中，客户总会因为受到各种条件的限制而无法买到完全称心如意的产品。比如，一座面积大、地段优越的楼房，一辆配置先进、装饰豪华的汽车，一款功能齐全、质量出色的手机等，往往会价格较高。当客户无法在“物美”与“价廉”上找到很好的平衡点时，客户就会犹豫不决，难以做出决定。在这种情况下，客户会在心里进行权衡，看自己是否能够买到基本上满意的产品。而销售员不仅要站在客户的立场上，理解客户的这种心理，还应该努力帮助他们找到折中点，促使客户尽快做出购买决定。

在帮助客户进行比较分析的时候，销售员要注意的是，分析和比较的种类不要太多，这样才能缩短交易的时间，提高工作效率。如果你提出的方案太多，分析起来会存在困难，这样会使客户感觉没有头绪，反而会加重客户的犹豫不决。而且如果你提出的方案太多，客户又会有不同的异议，这样电话销售又将回到原点，离成交目标就会越来越远。

3. 等到客户满意为止

当客户提出“我再考虑考虑”时，销售员不要真的就让客户去考虑。因为客户考虑的结果往往是你不愿意看到的。遇到这种情况时，你要反复地告诉他：“对于产品信息，您已经了解了，您能告诉我，还有哪点需要了解吗？”销售员一定要知道客户要考虑什么，他迟迟不下决定的原因在哪里，这样才能找到解决的方法，让客户满意。

总之，电话销售的目的就是促成交易，所以，销售员在每次电话结束时，都要为销售做好铺垫，为成交做好一切准备。

第八章
售后服务——说对话，就能多次签单

- 乔·吉拉德说：“我相信销售活动真正的开始在成交之后，而不是之前。”
- 成交并不意味着销售的结束，
如果售后服务得当，那么成交之后恰恰是新一轮销售的开始。

售后言谢，懂得感恩

乔·吉拉德说过："真正的销售，从成交之后开始。"

销售是一项与人打交道的工作，也是一个快速积累人脉的工作。它可以让你见识不同的人，并努力尝试与不同的人建立合作。真正的销售高手，是每一个企业都急需的人才。

无论你多么优秀，取得多大的成绩，都要明白：客户永远是你成功的基础。如果你的事业能成为参天大树，那么庞大的客户群则是你赖以生长的土壤。所以，每一次成交后，都要真诚地感谢客户。

对销售员而言，客户就是你真正的财富，尤其是那些忠实的客户，当他们再有同类购买需求时，仍会选择你。有了客户基础，你的事业将如虎添翼，从而实现你的销售梦想。

所以，维系与客户的关系，做好成交后的跟踪服务工作，既可以使你进一步密切与客户的关系，还能发掘客户的新需求。

1. 与客户保持良好的人际关系

在现实生活中，许多公司或销售员都在不断加强与老客户的沟通，比如发短信或E-mail进行节日问好，定期举办老客户联谊会等，有效地维护了与老客户的关系，确保了销售业绩的稳步增长。

2. 在跟踪服务中挖掘客户的新需求

一般而言，客户的需求是持续的、多层次的，也是多元化的。对于商家而言，产品种类往往也是丰富的，所以商家与客户在很长时间内都有继续合作的可能。进一步发掘客户的新需求，也方便了客户与你下一步的合作。

实际上，建立在友好关系基础上的推销不仅是必要的，而且是很重要的，最为重要的是，这种推销活动的成功率非常高。为什么会这样呢？

首先，客户已经了解你的基本情况，对你、你的产品和你的公司等很多方面给予了认同。那么再次的交易，就如同在桥上一起看风景一样简单和轻松，你只要与客户沟通好成交条件，售出产品就水到渠成了。

其次，在此后的推销过程中，你不必再为一些沟通障碍所困扰。

事实上，销售员在开发一个新客户前，需要做很多准备工作。而针对老客户的再次销售，则可以省略掉这些步骤，甚至可以直接进入实质性的成交环节。以下几种方式可以让你轻松挖掘出老客户的新需求。

（1）注意再次推销中的态度问题。比如，对于成交时疑心较重的客户，你可以说："听说贵公司最近打算在××地区新开一个分厂，那一定需要不少基础设备吧？"销售员可以一面巧妙地旁敲侧击了解相关信息，一面留心客户的反应。而对于那些成交时比较满意的客户，你可以这样说："除了这些实木制作的家具外，我们公司生态板材质的家具也是很受市场欢迎的，您可以先看一看它们具体的制作工艺，如果您比较感兴趣，咱们有时间聊一聊……"销售员要用诚恳的态度向客户询问，而且要向客户表明你和你的公司愿意与其保持长期友好合作的愿望。

（2）拓宽需求信息的来源渠道。销售员可以向客户周围的有关人员进行了解，比如客户身边的助理、秘书，其他工作人员及客户的朋友等；销售员也可以根据自己掌握的客户信息进行必要的数据分析；或者，销售员还可以进行切实有效的实际考察，确定客户还需要哪些产品服务……这样可以更充分、准确地把握客户的实际需求。

总之，销售成交后，还有很多工作要去做。一个优秀的销售员，绝不会把在一个客户身上实现一次交易作为终极目标，而是认为：做成一单生意的价值是有限的，结交一个朋友的价值却是无限的。

客户的抱怨是你前进的动力

当产品的质量、性能或者服务品质的需求无法满足客户时，客户就会通过情绪、语言和行动表现出来，这时抱怨也就产生了。

在销售过程中，销售员如果不能正确处理客户的抱怨，就会给自己的工作带来极大的负面影响。面对客户的抱怨，销售员绝对不能当着客户的面说："你这有些小题大做了吧！""你这反应有些太过夸张了吧！"你如果用这样的态度对待客户，肯定会使客户更加愤怒，甚至会当场与你发生争执，你或许就永远失去了这个客户。因为一个不满意的客户可能会把他们的不满意告诉给他身边所有的亲朋好友，而他的亲朋好友也同样会把他的这种遭遇再告诉给自己的亲朋好友。照此类推，其破坏力是不可低估的。因此，销售员一定要学会积极应对客户的抱怨，努力解决他们抱怨的问题，最终让他们满意，并传播你的好名声。

所以，当客户抱怨时，销售员千万不要觉得麻烦，而要把处理客户投诉看作留住生意的绝佳机会。

杨阳上个星期在一家服装专卖店看到一件非常漂亮的羽绒服，但她喜欢的那种款式正好卖完了。销售员看到杨阳对那种款式十分喜爱，就告诉她说，店里过两天还要去进货，只要她先预付一定的定金，就可以帮忙给她订一件。

过了两天，销售员通知杨阳羽绒服到货了。当杨阳拿起羽绒服时，却说："这难道不是一个厂家的货吗？怎么看起来没有上次看的质量好呢？做工这么粗糙，你看边缘处的羽绒都钻出来了，而且颜色似乎还有点浅了呢。"

站在一旁的销售员看到这种情况，微笑着说："真是抱歉，不过我敢保证，这款羽绒服和上次你看到的绝对是相同的，因为是刚出厂的货，我们还没有经过任何修剪，所以边缘处会有些小的羽绒从针眼处钻出来。你要是不着急穿，我很乐意帮你把这些小绒毛整理干净。至于你说的色差问题，不同批次的布料颜色的差别多少会有一点，不过我现在知道了，你比较喜欢图片上的颜色，希望你没事常来逛逛，下次我一定给你介绍这种颜色的衣服。"

杨阳听到销售员真诚的解释，不再抱怨了，高高兴兴地拿起羽绒服回家了。后来，她成了这家店里的常客，而且还介绍了不少朋友来光顾。

通常来讲，客户的抱怨主要来自以下几个方面。

1. 客户对产品的质量或性能不满意

销售员为了成功出售产品，在给顾客介绍产品的过程中夸大了产品的价值功能，结果当客户见到实际产品时，发现产品的安全性能以及售后服务、价格等与叙述不符，就会不满和抱怨。

2. 客户对销售员的服务态度不满意

有些销售员利益心太重，只顾一味地介绍自己的产品，不去了解客户的偏好和需求，而且对于客户所提出的问题也是心不在焉，不能给予满意的回答，甚至对一些犹豫的客户表现出轻视、看不起的态度，这无疑会引发客户的不满和抱怨。

面对客户的抱怨，很多销售员避之唯恐不及。其实，客户的抱怨不管是对厂家还是对销售员来说，都是在提醒他们要不断完善自身，做到最优、最好。而且抱怨很大程度上是来自期望，客户希望你们能够做得更好。因此，销售员如果能够妥善地处理这些抱怨，就会成功消除客户的坏情绪，不仅不会影响销售，还会使销售更上一个台阶。

日本“经营之神”松下幸之助认为，要对客户的抱怨表示欢迎，这是提升个人的品质、取得订单的一个好机会。因为客户肯上门投诉，对企业而言是一次难得的纠错机会。如果客户因为嫌麻烦而不去投诉，坏印象就永远留在了他们心中。因此，对待抱怨的客户一定要礼让，要耐心听取他们的意见，并尽量让他们满意而归。即使客户的抱怨并不正确，也要委婉地解释清楚。松下幸之助还讲了一件他亲身经历的事：一次，一位东京大学的教授给他写信说该校实验室购买的松下公司的仪器频出故障，售后人员来维修了几次也没有彻底解决，这甚至都影响了该校实验室的正常工作。收到这封信，松下立即让公司的技术总监赶到这所学校亲自处理问题。最终问题得到妥善解决，教授又写信表示感谢，甚至还为松下公司推荐了好几个大客户。

销售员在面对客户的抱怨时，要注意以下几点。

1. 让客户发泄情绪

让客户多说，就是给客户一个发泄的机会，这样，销售员不但可以了解客户的真实想法，还可以平息客户的某些不愉快的情绪，这样双方再沟通起来就简单多了。

2. 耐心地倾听，理解客户的感受

耐心倾听，认真思考，听明白客户牢骚背后的内容，这样才能抓住问题的关键，也好对症下药。客户向你抱怨往往事出有因，所以销售员先要稳定情绪，不急不躁，弄明白客户发牢骚的真实意图后，要对客户的感受表示理解。这有利于形成和谐的气氛，而且易增进与客户之间的信任和了解。

3. 提出解决方案

对于客户发牢骚所说的问题，销售员要向客户表示歉意，减缓客户的不满情绪，还应该立即采取补救行动，这样能使客户感觉到我们并不是在敷衍客户，而是真心实意帮客户解决问题。这对维系客户的忠诚度很重要。

有的时候，客户向销售员发牢骚，抱怨产品不好或其他问题时，都是由误会引起的。因此，销售员要向客户说明原委，解释清楚，千万不要把问题一推了之，或者是置身事外，否则只能加重客户的不良情绪。

4. 注意用词和口吻，不与客户起争执

与客户交流的时候，销售员在遣词造句上要特别注意，尽量回避一些过硬的词语，切勿伤害了客户的自尊心。如果客户所抱怨的事情是错误的或不切实际的，销售员也不要反驳客户；如果客户所说的话是无关紧要的，销售员可以一笑了之，不予理会。

如果产品的确给客户带来了不良影响，而当时又无法替客户解决，销售员可以提出解决方案，同时要将决定权交给客户。这样一来，同意权在对方手上，他会感觉受到尊重而减小火气。处理完问题后，要继续跟客户联系，确认对方是否满意这样的补救措施，这样一方面可以了解自己的补救措施是否有效，另一方面可以表现出自己的诚心，以加深客户受尊重的感觉，这样有助于恢复客户对产品的良好评价。

用你的热情留住老客户

美国著名作家爱默生说："没有热情，任何伟大的事业都不可能成功。"

日本著名的推销大师齐滕竹之助认为，即使你语言笨拙，只要能对对方热情相待，也一定能打动对方的心灵。客户不是为你的推销技巧所感动，而是为你的热情所感动。

热情是一个人对所热爱的事物的倾心度。热情加上真诚，是一个人所能拥有的最珍贵的工作品质和生活品质。它能激发我们不断地去追求自我超越，并产生磁力，向着既定的目标前进。

一个热情的人，无论走到哪里，都能散发出无穷的魅力，征服所有偏见和敌意，让人打开心扉，畅所欲言，最终实现沟通的顺利进行。

实践证明，销售员自身的热情对其成功的作用占95%，而产品知识只占5%。很多初入销售行业的新人虽然没有学会太多的销售技巧，但是能不断将产品销售出去，创造相当不错的业绩，其原因就是他们对自己事业的高度热忱。对于销售员来说，技巧并不是唯一重要的，业绩的创造往往始于热情。

没有热情就没有销售，如果一个人对自己的工作连热情都没有，那么这个工作他又怎么能做好，业绩又怎么会突出呢？

销售员如果在工作中充满热情，就能从自身散发出活力，表现出真诚与自信，这种朝气蓬勃的状态能够感染客户，让客户相信你的产品和服务，进而达到快速成交的目的。

一名优秀的销售员会永远让自己沐浴在热情的阳光下，因为他们知道只有诚挚的热情才能融化客户冷漠的拒绝，才能感染客户，进而才能走上销售成功之路。

布兰科夫妇打算买一台空调，于是他们来到电器卖场某品牌空调的柜台前向销售员咨询。

销售员礼貌地向布兰科夫妇打过招呼后，便简单地介绍了该品牌几款空调的功能和价格。但是，布兰科夫妇对空调的差异并不是很清楚，想多了解一些，但又不知道具体应该从哪些方面区分。可是销售员却说空调其实没有多大差异，关键看顾客的心理预期价格是怎样的。

对于销售员这样的解释，布兰科夫妇觉得不太靠谱，于是又来到另一品牌的柜台前咨询。这次销售员认真地倾听了布兰科夫妇的需求，在得知他们想把空调安装在卧室时，刻意为他们推荐了一款具有静音功能的空调，还帮他们仔细介绍了空调的其他功能和这款空调优于其他空调的特点。

布兰科夫妇听了这位销售员热情、详细的介绍后，感觉这正是他们所需要的空调，于是当即决定购买。

案例中的第二位销售员之所以能卖掉空调，是因为他对工作认真，对客户热情。

美国商界女强人玫琳凯·艾施就是以热情赢得了客户的心。她在讲述自己成功的秘诀时说："有人说我是天生的销售员，因为我十分热爱销售工作。我确实认为，我早年成功的主要原因是我热爱销售工作。我认为，同我在一起的销售员比我更有才能，但我的销售额比他们多，这是因为我比他们具有更多的热情。他们认为，销售工作是单调乏味的苦差事，在我看来，它却是一场比赛。"

因此，精明的销售员都会格外关注老客户，会定期与他们取得联系，表达问候及询问产品的使用情况等，真诚地去关怀他们，因为销售员知道维护好老客户的利益，不但可以带来重复购买的概率，还会因为口碑效应赢得更多销售机会。

乔·吉拉德为了能让客户记住他，每年都会寄上12封广告信函，这些信每次都装在不同颜色不同大小的信封里，以和其他公司邮寄的广告品相区分。

1月份，他寄了一张精美贺年卡，上面写着“新年快乐”，下面是一个简单的署名：“雪佛兰轿车，乔·吉拉德敬上。”

2月份，他寄的信上写着：“请你享受快乐的情人节。”下面仍是简短的签名。

3月份，他寄的信上写着：“祝你圣帕特里克节快乐！”然后是4月、5月、6月……

就这样，乔·吉拉德每年都以非常愉快的方式，让他的名字出现在客户家中12次，以至于不少客户一到节日，往往就会问夫人：“乔·吉拉德的贺卡收到了没有？”

就这样，乔·吉拉德没说一句“请你们买我的汽车吧”之类的话语，他的贺卡却给人们留下了最深刻、最美好的印象，等到他们打算买汽车的时候，往往第一个想到的就是乔·吉拉德。事实上，在乔·吉拉德推销生涯的后期，他每年交易的65%都是来自那些老客户的再次合作。

众多销售实践都证明了，稳定一个客户所需的费用是开发一个新客户所需费用的十分之一左右，所要投入的精力也只有新开发客户的十分之一左右。通过服务性跟进不但能稳定客户，而且能通过客户的口碑宣传和介绍带来更多新客户。这也就是许多销售员越做销量越大、客户越多的秘诀所在，也是许多销售员业绩总没有起色的主要原因。

那么，销售员该如何留住老客户呢？

1. 让客户对你满意

提高客户满意度是留住老客户的前提条件，只有客户对你的产品和服务甚至你的公司感到满意，才有留下的可能性。

当然，客户满意度是建立在客户期望之上的。期望值的大小决定了满意度的高低，而且它们之间是呈反比关系的，因此，不要给顾客过高的承诺，当你所提供的水准超越了他们的期望后，客户会有一种满足感。此外，提供超值服务，也可以提高客户的满足感。

2. 让客户眼里只有你

事实证明，要想永远留住老客户，就必须以高质量和优质的服务满足他们的需要，只有知道什么时候该提供什么产品，才能让客户心甘情愿地与你合作。

3. 及时处理老客户的抱怨

对于那些提出抱怨的客户，必须要及时处理，最好将问题迅速解决或至少表示出有解决的诚意。若问题得到圆满解决，其忠诚度会比从来没有抱怨的客户更高。拖延时间只会使客户的抱怨变得越来越强烈，使客户感到自己没有受到足够的重视，使不满意程度急剧上升。

4. 不与顾客争辩

销售员必须要谨记一条：客户是上帝，他们的一切反应都是正确的。就算是客户错了，也不要与之争辩。

总之，要想成为一个业绩卓著的销售员，就应该不断开发新客户并留住老客户，与老客户建立起友好的合作关系。要认识到销售员不仅仅是和客户做一次生意，而是和客户做永久的生意。只有赢得老客户的支持，才能轻松自如地取得非凡的销售业绩，成为一名高效的销售员。

站在客户的角度思考问题

美国汽车大王说过这样一句话：“成功是没有秘诀的，如果非要说有，那就是时刻站在对方的立场上。”销售员在与客户沟通时，要尽量站在客户的立场上说话，拉近与客户之间的距离。

王小姐随旅游团到了日本，她在东京的一家玩具店选中了两个手办。在收款台前，收银小姐微笑着问王小姐：“小姐，您来自中国吗？”

“是的。”王小姐有些疑惑地说，“难道国籍和买东西有冲突吗？”

“不，小姐，您不要误会，”店员诚恳地说，“我的意思是，如果您来自中国，我建议您选择陈列架最前面的那几个手办，那是日本首发的最新品，而您手里的这两款在中国大陆也是有售的呢！”

听了收银员小姐的建议，王小姐又走到货架处把那几款最新的手办都买了下来。

在为客户服务，向客户推销产品时，销售员要学会站在客户的立场上，了解客户的真正需要，设身处地为客户着想，帮助客户实现利益最大化，毕竟只有双赢才是持久之道，才能将你与客户之间的关系拉得更加紧密。

成功的销售需要坚持双赢的原则。这就要求销售员要时刻为顾客着想，站在顾客的立场上看待问题，帮顾客想怎么才能够省钱，然后自己再从中赚钱。当顾客非常信任你之后，才会乐于继续和你合作。在多次合作之后，你从中获得的利润当然会比一锤子买卖要大得多。

陈豪是一名工程机械销售员。一次，一个外地客户打来电话询问某型号机器的价格等情况。陈豪听了客户说的大概情况之后，凭着行业的直觉，感到客户所要采购的机型和他们的用途似乎并不匹配，虽然按照客户的要求去做，销售额会很高，但是他不打算这样做。陈豪在电话里向客户建议道："我刚才听了您说的大概数据，觉得您报的机型配置有点不合理。当然，按照这样的配置使用起来是没有任何问题的，但通俗来讲有点杀鸡用牛刀的感觉，其实达到同样效果，机器的型号可以降低一档，这样您投入的也会适当降低一些。"

"哦，是吗？"对方似乎有些惊奇地说，"但这些类型的机器是厂里规定采购的，而且这也是经过了好几个工程师决定的，应该不会出现什么错误吧？"陈豪听客户这么说，对自己产生了怀疑，他赶紧对客户说："这样吧，针对您的问题，我再去查阅下相关的材料，并且请教一下厂家的技术人员，看看他们给出什么样的建议吧！"在接下来的一天里，陈豪和厂家的工程师一起做了一份详细的技术说明和可行性分析报告，并通过邮件发到了客户的邮箱里。

一个星期过去了，对方终于来电话了，对方甚至还有些兴奋地说："非常感谢你们提供的技术资料，领导对此感到非常满意，我现在就把合同传给你，而且我们公司也决定，你们就是我们的长期供货商了！"

在上面案例中，销售员陈豪就是一个非常为客户着想的人，他在销售的过程中坚持为客户着想，站在客户的角度上真诚地替他们考虑。也正是因为这样，陈豪才赢得了客户的信任。

销售员多为客户的利益考虑，不仅有利于获得客户的信任，还能从与客户的交谈中获得有用的信息。而且，真心实意地为客户的利益考虑，这样客户才会信任你，进而购买你的产品。

相反，如果在客户还没有做出决定之前，你就试图说服客户，或者干脆自作主张地帮顾客下订单，这样不但会打断客户的思路，还会让客户感到你强烈的目的性，根本没有站在他的角度上思考问题，结果可想而知，最终你很有可能会因为这种“急功近利”而白忙一场。

事实上，销售员与客户之间的关系并不像人们想象中的那样是对立的，也不是此消彼长的，而应该是互利的。所以在谈生意时，销售员要学会像对待朋友那样对待客户，要亲切友好，不斤斤计较。为长远的发展着想，使彼此之间的交往更加融洽。

那么，什么样的话才算是站在客户的立场上说的呢？

1. 销售员应揣摩客户心理

销售员说出的话应是客户的心里话，让客户觉得就是那么回事，这样自然会赢得客户的信任。

2. 销售员要端正态度

销售员要多想想客户的感受，从客户的切身利益出发，说出的话要让客户有满足感，让其感觉到自己购买的产品或服务是明智的、值得的。

用额外的关怀提升客户的忠诚度

美国有一个成功的保险推销员，每次他拜访客户的时候，敲开门说的第一句话总是：“您好，我是一个过路的保险推销员，现在有点口渴了，您能给我一杯水吗？”几乎所有人都不会拒绝这样一个穿着整齐大方、说话彬彬有礼的年轻人的一个小要求。于是，主人很快就会去给他倒一杯水，在喝水的过程中，这个保险推销员会很自然地谈到自己的工作，然后再谈到自己的产品上，就这样顺利实现了成交。

为什么一杯水能起到这么大的作用呢？因为你和客户讨水喝，无形中就给了潜在客户一个自我价值体现的机会，一般人还是很乐于为他人提供力所能及的帮助的。客户在放松戒备心理的前提下，也就淡化了销售的直接目的，在喝水的过程中随便闲聊几句，既能沟通感情，又能对客户的真实想法有所了解，这样就为彼此之间的交流打下了良好的基础。

一个8岁的小姑娘来到一家药店的柜台前，她说要买感冒药，但当药品销售员问她要买哪个牌子的感冒药时，她或许是因为紧张忘记了。于是，药品销售员便耐心询问买感冒药是给谁吃的，是家里的人病了，还是小朋友感冒了。小姑娘吞吞吐吐地说是买给妈妈吃的。于是，药品销售员带了几种感冒药陪同小女孩一起回了家。

原来，小姑娘的父母是外地人，在本地开了一家杂货店。这天，小姑娘的父亲出去送货了，因为母亲还要看店，就让女儿去随便买些治感冒的药。让他们感动的是，药店的销售员竟会亲自拿着药把孩子送回来。后来，这对夫妻成了这家药店忠实的客户和宣传员，他们逢人便夸这家药店的人热心助人。

在销售中，很多销售员都会把精力放在如何把商品销售出去，而对于售后服务却不怎么重视，觉得反正都已经成交了，售后的事情归售后服务的同事或厂家来管，不是自己的事。其实，这样的想法无疑是错误的。

泰国的东方饭店是一家已有110多年历史的世界性的大饭店。而这家饭店几乎一直是天天客满，如果不提前一个月预订就很难有入住的机会。一个饭店能经营到这种程度，自然有其特殊的经营秘诀。

饭店除了住宿、餐饮、娱乐等消费的大环境让人倍感舒适和享受以外，具体对每一个入住的客户都给予最细致入微的关怀和重视。为客户营造了最舒适、最体贴的环境和氛围，让客户倍感温馨和体贴。比如，史密斯先生入住了这家饭店，早上起床出门，就会有服务生迎上来打招呼："早上好，史密斯先生！"不要感到惊讶，因为饭店规定，楼层服务生必须要在头天晚上背熟每个房间客人的名字，因此他们知道你的名字并不稀奇。当史密斯先生下楼时，电梯门一开，等候的服务生就会问："史密斯先生，用早餐吗？"当史密斯先生走进餐厅，服务生又问："史密斯先生，要老座位吗？"——因为饭店的电脑里已经显示了上次史密斯先生坐的座位。菜上来后，如果史密斯先生有问题问服务生，服务生每次都会退后一步才回答，以免口水喷到菜上。每年新年，史密斯先生都会收到饭店寄来的信："亲爱的史密斯先生，祝您新年快乐！我们已经有两年没见了呢，我们全饭店的人都非常想念您。"

试想，面对这样细致入微的关怀，又有谁能不被感动呢？于是，到现在泰国东方饭店还是保持几乎天天客满，不提前一个月预订很难有入住机会。用他们的话说，只要每年有1/10的老客户光顾饭店，就会永远客满。

情感因素是人类接受信息的阀门，情感是刺激理智的唯一途径，人们在涉及钱的时候往往是很理智的。打破顾客的理智心理，最有力的武器就是情感。纵观那些在销售中成功的销售员，无一不是大打“情感牌”。正如美国《幸福》杂志所言：“高超的销售术主要是情感问题。”这不是什么技巧性问题，而是科学道理。

对于销售员来说，要用你的额外关怀带给顾客更满意的商品或服务，从而让他们成为你一辈子的客户。

面对客户指责，勇于承认错误

销售员在处理客户投诉问题时，经常会遇到一些非常无理的客户，也许销售员会想：顾客如此无理，那么我还有必要与他讲风度吗？销售员这样想无疑是错误的，销售员的工作本质上是追求利润和业绩，而不是和顾客分割对错，争个长短，这对提高业绩并没有什么好处。也许有的销售员还会想：面对那样无理的顾客，难道为了业绩和利润就要委曲求全，牺牲人格吗？其实问题又哪有你想象的那么严重呢？那些无理的顾客通常也是处于情绪冲动中，他们多是因为购买了你所推荐的产品却没有实现应有的价值而恼怒。他们往往对事不对人，试想，如果顾客没有购买行为，你们之间又怎么会有交集呢？再者，与无理的人讲风度，一般不会损害个人人格。

销售员在面对部分顾客的质疑、责难，甚至投诉时，要保持冷静，不要同客户争辩，因为这种争论往往会发展成为争吵，最终以失掉客户收场，这无疑是最不应该发生的。

一次，有一位女士怒气冲冲地走进食品商店，向服务员喝道：“我叫我儿子在你们这儿买的果酱，为什么缺斤少两？”服务员先是一愣，待问明白女士生气的原因之后，就有礼貌地回答：“请您回去称称孩子，看看他是否长重了。”这位妈妈马上感觉到不好意思，脸上略带尴尬地对服务员说：“哦，对不起，误会了。”

这里，服务员小姐认准了自己不会称错，便剩下一种可能，就是小孩偷吃了果酱。但如果直接和顾客争辩说“我是不会搞错的，肯定是你儿子偷吃了”或者“你不找自己儿子的麻烦，倒问我称错没有，真是莫名其妙”，这样做不但不能平息顾客的怒气，还会引发一场更大的争论。因此，服务员对这位女士的指责不置可否，而是用幽默、委婉的语气指出她所忽视的问题，这样既维护了商店的信誉，又避免了一场争吵，并最终赢得了顾客的好评。

在上面的案例中，服务员的做法无疑是明智的。有些销售员之所以会与客户进行激烈的争论，是因为他们忘记了这样一条规则：当某一个人不愿意被别人说服的时候，任何人也说服不了他，更何况对于销售员而言是要说服客户购买你的商品呢?

因此，销售员一旦发现自己的看法和客户的看法发生冲突，就要格外小心。解决这一问题的办法很简单，销售员不应自以为是、夸夸其谈，而要采取提问的方法，主动征求客户的意见。一味坚持自己的看法肯定会招致客户的反对，而采取主动认错的方式则可以避免激烈争论的情况出现。

一天，原一平一上午就非常顺利地签了20份保险单，工作简直顺利极了，欣喜之余他甚至高兴地跳了起来，头上的帽子歪了也不想去整理了，他就是想享受目前这种极为愉悦的状态。正好经过一个客户开的酒馆，他决定顺路进去拜访一下。因为心情大好，他大踏步就冲进酒馆里面，这个举动把周围的人都吓了一跳，店老板仔细一看认出来是他，却尖叫着说：“快看啊，这个小混混难道不就是前些天推销给我保险的那个家伙吗？我相信你，也相信明治保险公司，所以才投了保险。谁知道我所信赖的这家公司的职员，今天竟然如此胡闹！真是混蛋！”

原一平听了酒馆老板的话，一下子清醒过来，他赶紧收拾好衣服，脱下帽子深深地鞠了一躬说：“实在对不起，请原谅我刚才的放肆行为。我只因为上午工作太顺利了，所以才高兴得忘乎所以，真是太失礼了，给您添麻烦了，请您多多原谅。”原一平继续说，“我刚才的态度实在太不应该，不过我要请您原谅的是，我是带着认定您是我的至亲好友的心情才那样做的，而绝对不是对您有一点儿轻视。不过，总之这一切都是我的错，请您原谅！”

店家听原一平说了这么一通道歉的话后，转怒为笑说：“好吧，原一平先生，不过刚才你那放浪的行为还真是吓到我了呢，但刚才我说得也是太过严重了，您也不要介意，请到里面坐吧！”原一平走进店里，和店主人聊得非常开心。

原一平知错就改，勇于认错，不但赢得了这位客户的好感，最后客户还把1万日元的投保额提高到5万日元。

古语有云：“人非圣贤，孰能无过，知过必改，善莫大焉。”对于销售员而言，既然自己确实错了，也知道客户的责备不可避免，何不坦然承认自己的错误呢？就算不是自己的错误，你却勇敢承认下来，当对方认识到这一点时，他会表现得更为感激。可见，勇于认错，不但客户不会怪你，还会给他留下坦诚、负责的良好印象。

在实践中，有些销售员认为承认错误会造成不良后果，会影响公司信誉，所以一遇到客户指出错误或责任时，总会想方设法摆脱责任，把责任都推到客户身上。这样做，除了让客户火冒三丈外，还会彻底失掉客户的心。其实，销售员对于工作中的疏漏或是错误，没必要畏之如虎，也不要急于为自己做辩护，那样只会让自己陷入同客户的无休止的辩论之中。而如果能勇于承认自己的错误，不仅会让你显得高人一筹，还会给人一种令人尊敬的感觉。

耐心倾听与解决客户的投诉

据有关数据统计，当客户感到不满时，只有20%的客户会选择投诉，而这些投诉的客户中却有80%会选择再次与公司合作。如果能当场很好地解决投诉问题，则95%的投诉客户还会对你恢复信心。而另外80%未投诉的客户中只有10%会再次与公司合作。而且，如果投诉、抱怨没有获得很好的解决，则一个典型的抱怨客户至少会向8～10个人诉说他的不满，在互联网、手机等通信工具如此发达的今天，消极传播更是以乘数级的效应迅速增长。

投诉并非是对公司的厌恶，往往是客户对产品的关注，他们其实希望产品能够得到改善。如果销售员能够认真对待客户的投诉，能圆满解决客户投诉的问题，那么客户的忠诚度反而会提高。因此，对于销售员而言，不可以对客户的投诉心存偏见或处理不当，否则只会导致客户白白流失。

在遇到客户投诉时，销售员要学会控制自我情绪，在面对激烈的质疑时，要能保持冷静，弄清楚事情产生的原因，然后采取针对性的解决措施，这样才能排除顾客的抱怨，说服顾客。

有一位姓张的先生在他订的奶粉中发现了一小块玻璃碎片，于是前往奶粉公司投诉。

不用说，他的情绪是愤怒的。一路上他已经打好腹稿，想出了许多尖刻的词语。他还感到自己此行绝不是单纯为了自己，而是为了千千万万个孩子。他还想到，如果奶粉公司不给出令他满意的答复，他就要向报纸、电台，甚至司法机关揭发，或直接告到消费者协会去。

他一到奶粉公司，就吵着非要见总经理不可，副手都不行。一到总经理办公室，连自我介绍都省略了，把总经理伸出的友谊之手拨到一旁说："你们奶粉公司简直是要命公司！你们都掉进钱眼里去了，为了自己多赚钱，多分奖金，把我们千百万消费者的生死置之度外……"

好在这位总经理经验丰富，面对这么强烈的指责，毫不动怒，仍旧诚恳地对他说："先生，究竟发生了什么事？请您快点告诉我，好吗？"

张先生继续激动地说："你放心，我来这里正是为了告诉你这件事的。"说完，从提袋中拿出奶粉盒子，"砰"的一声，重重地往办公桌上一放，说，"你自己看看，你们都做了什么样的好事！"

总经理拿起奶粉盒子仔细一看，什么都明白了，立刻收敛起微笑，有些激动地说："这是怎么搞的，人吃下这东西是要命的，特别是老人和孩子若吃到肚子里去，后果不堪设想！"说到这里，总经理一把拉住张先生的手，急切地问，"请您赶快告诉我，家中是否有人误吞了玻璃片，或被它刺伤口腔。咱们现在马上叫车送他们去医院治疗！"说着，抄起电话准备叫车。

这时候，张先生心中的怒火已十去八九了，他对总经理说，并没有人受伤。总经理这才转忧为喜，掏出手帕，擦擦额头渗出来的汗珠说："哎呀！真是谢天谢地。"接着又对张先生说，"我代表公司的干部职工向您表示感谢，因为您为我们指出了工作中的一个巨大的事故隐患。我要将此事立刻向全公司通报，采取措施，今后务必杜绝此类事情发生。还有，您的这盒奶粉，我们要照价赔偿。"

在上面的案例中，总经理的做法无疑是非常聪明的。对于销售员而言，面对任何一个客户的投诉时，只要耐心倾听，鼓励他把心里的不满都发泄出来，那么，他的脾气就会越来越小。等客户恢复了理智后，自然很容易解决问题。而且有些因情绪激动而失礼的顾客冷静下来以后，还会对自己方才的举动有些后悔，这比销售员迎头反驳，甚至批评他们要有效得多。

当遭遇客户的投诉时，销售员首先要做的并不是推卸责任，而是要搞清楚客户投诉的原因，并及时解决。销售员要站在客户的立场上积极考虑问题，给客户一个明确的答复及一个解决方案，能够马上解决就马上解决，不能当场解决的，要把处理的意见、日期、办法明确告诉客户，消除客户的疑虑或者误会。最终向客户道歉或是致谢，汲取投诉的经验，从而更用心地提升自己的产品和服务的品质。

销售员处理客户投诉时，方法有很多种，其中处理客户投诉的口才及技巧是说服客户的关键，通常也是较可行的方法，它也是维系老客户的一条无形的纽带。

1. 耐心倾听

面对客户投诉时，销售员必须耐心倾听，让客户将投诉情况讲完，然后站在客户的立场上去说服客户，给他解难。

但在实际工作当中，很多销售员在客户刚一说话时就急忙将其打断，迫不及待地进行解释，这样反而激怒了客户。要知道，客户投诉，主要的目的是向销售员倾诉他们内心的种种不满和意见，希望销售员能帮助他们解决问题，而不是希望听销售员的解释、说明或辩护。

2. 确认客户投诉的问题

面对客户投诉时，销售员必须耐心倾听，让客户将投诉情况讲完，尽可能全面了解客户所投诉的问题。如果有听不明白的地方，要用委婉的语气加以询问，如“这个问题请您再描述一下”“请稍等，这个问题我还不是很明白”，在这个过程中，尽量避免使用攻击性言语，不能使客户愤怒。

3. 冷静分析问题

当遭遇客户抱怨时，销售员一定要保持一种平静、坦然的心态，把客户的抱怨当作历练自己的一次机会，因为只有在不断的解决问题中，你才能够不断进步，变得更加优秀、出色和卓越。而且抱怨不仅仅是一种不满、一种愤怒，它还是一种期待、一种信息。通过客户的抱怨，你会明白在以后的工作中应该避免哪些问题的发生，或者是再发生这类问题时应该怎么解决。这样不仅能够赢得客户对自己的信赖，还能够提升自己成功应对各种挫折的能力。

销售员在没有确认问题产生的原因时，切勿盲目下结论，或给客户承诺解决方案。销售员最好将问题记录在案，提交给售后服务部门找出原因、协同解决。如果出现的问题是因为客户个人问题或无事实依据，则销售员应该让客户意识到问题所在。当客户意识到你的真诚以及你服务的周到，他的怒气就会减少很多。

4. 恰当拟定应对客户投诉的措辞

倾听并分辨出客户投诉的类型、内容，接下来销售员必须对他的投诉做出反应。处理投诉的方式有道歉、说明、说服三种，但必须配合适当的态度、声音和措辞，让投诉的客户心悦诚服，这其中的关键在于销售员措辞的技巧。如果措辞运用不当，反而弄巧成拙，那么原本能解决的事也会变得不可解决了。

5. 注意处理客户投诉的声音和语调

销售员在处理客户投诉时，一定要注意说话的声音及语调等。

在谈话中，销售员的声音应该始终保持洪亮、清晰。另外，说话的时候喉咙不要紧绷，要运用吸进去的空气使喉咙发声更清晰明朗，令声音听起来抑扬顿挫，中气十足。此外，语速的快慢也要根据客户的缓急程度来定。

6. 落实解决问题

售后员在找到相应的解决办法之后，应明确通知客户解决之道，并且在日后的工作中跟踪落实，直到客户的问题解决为止。只有这样，才能让客户觉得受到了应有的尊重，同时也体现了销售员最大的诚意，进而防止客户的负面情绪使问题扩大化。

在应对客户投诉的过程中，最忌讳的就是回避和拖延解决问题的时间。销售员应敢于正视发生的问题，并以最快的速度进行解决，把客户的事情当作自己的事情来做，站在他们的立场上来思考问题，并对他们的抱怨表示欢迎，而且对客户表示抱歉……那样，你就一定能够化干戈为玉帛，化抱怨为感谢，化怀疑为信赖。最重要的是，这个客户可能将会是你永远的客户。

用周到的售后服务征服老顾客

现代公司，一般售后服务是由企业中专门的客户接待人员或者售后服务人员来承担，但这并不意味着销售员和售后服务无关，销售员也应积极参与到售后服务当中去。

当客户有需要时，销售员应当随时为客户提供良好的服务，或者为客户提供售后服务人员的联系方式等，以尽快解决客户的问题。因为随着经济的发展和社会的进步，现在的消费者要比过去的消费者更加精明和理智，在购买过程中获得更优质的服务已经成为他们的迫切需要。更何况，竞争形势日趋激烈，要想在竞争中获胜，除了良好的产品外，销售服务已成为一个至关重要的影响因素。如果你不能为客户提供更优质的服务，客户就不会感到满意，他们下次肯定会转头到你的竞争对手那里去购买商品，久而久之你的客户资源将会枯竭，而且开发新客户需要花更多的时间和精力，最终，你的销售生涯或许就此终结。

总之，留住一个长期客户，使客户保持对商品的忠诚，也需要销售员付出更多的耐心与精力参与到售后工作中来。

小罗自从毕业后一直在一家打印机代理公司工作，到现在已经有7个年头了，在这7年里，他由最初的业务员升到了分店的销售经理的位置。因为是业务员出身，所以这么多年以来他参加工作之初发展的很多老客户还和他存在着工作上的密切联系，他们只要打印机出现了什么问题，都会给小罗打电话，小罗也从不会拒绝，从来都是更快、更好地帮助客户解决难题，这样一来那些老客户们每次淘汰旧机器都会询问小罗的意见后再购进适合他们使用的新的打印机。那些老客户还主动帮助他介绍新客户，而小罗对待新客户也向对待老客户一样热情，尽量为客户争取最低报价，于是客户就更加信任他。小罗的业绩就这样逐渐拓展开来，不但在公司受到上司和同事的肯定，同时还赢得了客户的认同。

小罗在给新来的同事做培训的时候常说："其实销售没有什么必胜的法门，最好的销售就是服务。"小罗的销售经历足以证明这种想法是正确的，在他不断扩展的业务中，几乎大部分都是由客户相互介绍而来的，所以业务拓展对他而言几乎毫不费力。但是小罗面对不断扩大的客户群还是一如既往地继续提供优质的服务，因为他知道每一个成交的客户如果可以持续得到良好的服务，那么将来还会为他带来另一次成交的机会。

甘道夫是保险界的一个传奇人物，由他一手创造的年销售额超过10亿美元的纪录至今无人打破。有销售专家刻意研究了甘道夫的所有销售案例，从而得出他成功的根本原因就在于谨守的职业准则：一次成交，终生服务。

这个准则看似非常简单，但在繁忙的工作中能够坚持做到是非常不容易的，但甘道夫做到了，他每年至少会跟踪访问所有客户一次。所以，他创造了保险界的奇迹。在此，我们试举一例加以说明。

大约是在甘道夫刚刚加入保险界的第二个年头，他给一个大学生一份人寿保险之后，两人从此就一直保持着联系。后来大学生毕业后加入了爱荷华州的纪律部队，甘道夫又推销给他一份人身安全保险。退役后，这名大学生去了纽约，在州参议院担任侍从武官。甘道夫仍然每年都和他保持着联系。

再后来，这名曾经的大学生又进入了商界，生意做得风生水起。经过一段时间的积累，他打算借一大笔钱投资房地产大干一场，但这可是需要很大一笔资金的，他想起了甘道夫，便打电话对他说："甘道夫，我知道你的保险事业做得很大，能帮我一个忙吗？我计划做房地产项目，帮我贷款2000万美元，可以吗？"

"可以。"甘道夫思索了一下就痛快答应了，因为甘道夫通过这么多年的接触，相信这个人的能力。就这样，在甘道夫的一手撮合下，对方房地产生意果真也进行得顺风顺水，后来这名大学生为了报答甘道夫对他的支持和信任，干脆把公司所有的保险业务都给了甘道夫。无疑，甘道夫的保险业务一下子又获得了跨越式的增长。

可见，销售是一个连续的过程，成交并非万事大吉，而是下一次销售的开端。销售员在每次成交之后，都要继续为客户提供最优质的服务，以努力维持和吸引客户二次消费与主动推荐。对于销售员而言，要创造最好的销售业绩，做好售后服务是销售工作中不可或缺的环节。销售员对做好售后服务的意义必须要有清晰的认识。

1. 做好售后服务对自身工作具有积极的促进作用

销售员积极主动地做好售后服务，或是协助其他部门的人员为客户提供更加满意的服务，以努力维持和吸引客户二次消费与主动推荐，这无疑对自身工作具有积极的促进作用，从而也能带来更加丰厚的回报。

2. 做好售后服务有助于减少客户的抱怨

做好售后服务，解决客户遇到的问题，积极主动地为客户提供优质的服务，那么就能有效遏制住那些对企业极为不利的抱怨。

3. 做好售后服务有助于巩固与客户的友好关系

很多优秀销售员都知道，要想长期保持良好的销售业绩，很大程度上需要一大批忠诚客户的支持，而要想得到客户的支持销售员就必须不断努力做好售后服务，尽可能主动为客户提供超出其期望值的优质服务，这有利于培养客户对企业的忠诚度，加强和巩固与这些老客户的友好联系，并获得这些忠诚客户的长期支持，你的销售业绩自然也就有保障了。

综上所述，销售只有起点，没有终点。如果销售员在客户成交之后不能提供令人满意的售后服务，那么必将对客户产生极大的伤害，他们日后再次选择购买的概率将会大大降低。因此，要想成为一名成功的销售员，就必须做好相应的客户服务工作，努力培养客户的满意度和忠诚度，赢得他们的心，从而为日后的销售业绩的提升添砖加瓦。

附录
APPENDIX

你不可不知的口才定律

白德巴定律：少说多听才受人欢迎

谁说的话越多，谁的话就越没分量。聪明人都会管好自己的嘴巴，不会说太多的废话。古印度哲学家白德巴认为，能管住自己的嘴巴是最好的美德。后来人们将其称为白德巴定律。

不知道你有没有留意过这样一个奇怪的现象，那就是，在人际沟通中，谁说的话多，谁的话就越没分量。很多人都有一个认识误区，总以为话说得越多，在社交圈子里就会越成功。其实不然。要知道，言不在多，贵在于精。那种信口开河、滔滔不绝的人，无论走到哪里，无论谈话的对象是谁，都不会受到别人的欢迎。

一位外交官在初涉外交领域时曾带自己的太太去应酬，可他的太太在那些场合总是感到很别扭。她是个来自小地方的人，面对满屋子口才奇佳，曾到世界各地游历过的人，她拼命地找话题和他们聊天，不想只听别人说话。结果可想而知，人人都在疏远她，没有一个人想与她交流。

后来有一天，她向一位讲话不多但深受欢迎的资深外交家吐露了自己的困扰。这位外交家说："你必须学会约束自己的嘴巴，没什么可讲时，就不要勉强。多听听别人说不是挺好的吗？相信我，善于聆听的人同样受欢迎。"

很多时候，与人沟通的最佳方式，并不在于你表达了多少，而在于你聆听了多少。真正的谈话高手，总是能够专心地听对方说话，关注别人的内心感受。

不论你是在和别人讨论事情，还是在与别人闲话家常，当你正在说话的时候，别人若插话进来，打断了你讲话的兴致，你会怎么想？肯定会感到很扫兴吧。同样，如果你只是想让别人听你说话，只是想让别人认同你的观点，而不在意别人说的话，那样就只会让人反感。如果你说了一大堆后，却发现对方的眼神游离，把你的话当成耳旁风，你该是多么失望啊！但是，如果你在听对方说话时，眼睛专心地凝视对方，表现出认真聆听的样子，那么对方就会觉得很受尊重，在你说话时，对方也会一样重视你。

因此，如果你想成为一个善于交谈的人，那就要先学会少说多听，该说时说，不该说时就闭上自己的嘴巴，这样你才会受到他人的欢迎。

比林定律：该说“不”时绝不犹豫

太快说“是”与太慢说“不”，都将贻害无穷，给人带来无尽的麻烦。人在一生中所遇到的麻烦，有一半是由于太快说“是”与太慢说“不”造成的。这就是比林定律。该定律是由美国幽默作家比林提出来的。

比林定律还有这样一层含义：当个人没有否决权的时候，发言权也会很容易被剥夺。对不该让步的事，就绝不要让步；当你不给别人让步时，别人反而更容易给你让步。

生活中的你，是不是也有过这样的经历：明明想对别人说“不”，却硬生生地把这个“不”字吞到肚子里去了，最后违心地从嘴里蹦出来个“是”字？可是后来又越想越不对劲，就说“我其实当时应该拒绝他的”“我怎么这么没用，不敢说出真心话”。你自责不已、悔不当初，最后陷入一种不安与沮丧的情绪之中而久久无法释怀。

很多时候，正是因为你常常太快说“是”，才让自己陷入“不得不”或者“被逼无奈”的窘境当中。更重要的是，这种草率的决定还会打乱自己的计划和安排，使自己的工作与生活陷入被动。长此以往，你将无法享受给予和付出所带来的真正快乐，正常的人际交往与互动都会沦为一种负累。

为什么不直接说“不”呢？因为你碍于面子，不想得罪人！认真回想一下，你在生活与工作中遭遇到的种种挫折与不如意，有多少是因为碍于情面，过于草率地答应了他人的要求，事后却发现自己力有不逮呢？

对于那些在商海中打拼的人来说，就更要敢于说“不”了，否则必会给自己带来无尽的悔恨。因为，商场如战场，一进入商场就注定要面对胜负存亡的考验。久战沙场且常胜者，必为有勇有谋、善于说“不”之士。

了解了比林定律，你就要学会在恰当的时机选择恰当的方式表达拒绝，这样你的人生才会变得更轻松。喜剧大师卓别林说过这样一句话：“学会说‘不’吧！那样，你的生活将会美好得多。”

那么，你应该怎样才能让自己轻松地说出那个重要的“不”字来呢？首先，在各种谈话或发言的时候，你要懂得说话的艺术，考虑问题不能急躁，也不能怠慢。该说“不”时就坚决不说“是”。其次，要多给自己一些积极的心理暗示，比如你可以告诉自己“我有权拒绝他人”。在人际交往中，每个人都应用别人能接受的方式表达自己的权利和情感。最后，在拒绝别人时要讲究技巧，委婉地表达自己的意愿。向对方阐明自己的难处或能力所限，或根据对方的情况给出一个合理的建议，即使没能直接帮忙，也一样能为对方解决问题。

波特定律：批评的意义在于说服

波特定律是英国行为学家L.W.波特提出的，大概意思是，当一个人遭受到许多批评时，往往只会记住开头的几句，其余的就听不进去了，因为他们忙于思索论据来反驳开头的批评。

波特定律在领导者与下属的沟通中有重要的作用。当下属犯了错误时，领导者都会严厉批评一番，有时甚至将员工骂得无地自容。在他们看来，似乎这样才会起到杀一儆百的作用，才能体现规章制度的严苛，才能展现领导者的威严。

其实，有的时候，如果领导者过于关注下属的错误，尤其是一些小错误，就会大大挫伤下属的积极性和创造性，甚至使他们产生对抗情绪，最终带来非常恶劣的后果。

因此，领导者要意识到，批评是一种艺术，当下属犯错误的时候，最好委婉地批评。就像波特所说的那样：下级在受到批评时，只会记住开头的几句话，因为他们忙于寻找论据反驳开头的批评，或者寻找借口推卸责任。有些反应敏捷的员工，甚至会马上反驳或者推卸责任。这时整个组织就会陷入谁是谁非的争论当中，不但解决不了问题，还会激化内部矛盾。

领导者一定要学会宽容下属的错误，给员工改正错误的机会。但宽容并不等于是做“好好先生”，而是设身处地替下属着想，在批评的同时不忘肯定他们的功绩，以激励下属，并有效避免伤害其自尊心。

一个懂得顾全下属面子的领导者，不仅会让批评产生预期的积极效果，还会因此得到下属的大力拥戴。

此外，波特定律在父母与孩子或老师与孩子之间，也同样适用。当父母或老师严厉批评孩子的时候，孩子通常是听不进去的，最好的办法是换个角度，心平气和地与他们商量，让他们知道自己到底错在哪里，这样才会收到好的效果。

赫洛克定律：赞美是人际关系的润滑剂

赞美是人际关系的润滑剂，能够帮助你快速走向成功。心理学家赫洛克做过这样一个实验，他将参加实验的人分为四组，在四种不同诱因的情况下完成任务。第一组是表扬组，每次工作之后都给予表扬与鼓励；第二组是受训组，每次工作之后都进行严加训斥；第三组是被忽视组，不进行评价，只让他们静听别的两组受表扬与挨批评；第四组是控制组，让他们和前三组隔离，不给予评价。实验结果显示，前三组的工作成绩都比控制组优秀，表扬组与训斥组显然比忽视组优秀，并且表扬组的成绩不断上升。这个实验说明：对工作结果及时给予评价，能够强化工作动机，对工作起到促进作用。适当表扬的效果显然比批评要好，而批评的效果要优于不给予评价。

在现实生活中，人人生来都渴望得到别人的赞赏，同样，每个人也都惧怕责难。成功学大师拿破仑·希尔曾说："人类内心最渴望的就是被他人欣赏，所以我们要多夸奖他人。"在这个世界上，无论是富人、穷人、小偷还是警察，只要他们听见他人赞美自己的某个优点，就肯定会尽全力地去维护自己的这份美誉，生怕辜负了他人的期望。

在日常生活中，面对讨厌的人与事，责备与批评只会增加对方的怨恨与不满。要想改善这种状况，你不妨尝试赞美他人，也许会产生奇妙的效果。

马克·吐温说过："听到一句称赞，能使人陶醉两个月。"每个人都渴望得到他人的赞美，因为每个人内心都希望自己的努力被别人看到，自己取得的成绩被别人认可。

赞美是一种非常有效的激励手段。赞美不但能够让人感到振奋，还能使人感觉被肯定。然而大多数人都不是赞美高手，他们仅知赞美的重要性，却不谙赞美的方法。让我们学会赞美吧，因为赞美是成功的砝码，赞美声中隐藏着许多你难以察觉的成功机会。

波什定律：用心赞美才会起到作用

波什定律是法国学者罗瑟琳·波什提出来的，具体含义是：赞扬愈具体，愈能达到鼓励他人的目的。

波什定律告诉人们，在赞扬他人的时候，如果能够详细地说出对方的长处，那么对方就会感到十分高兴。可是，如果你很夸张地赞扬，或是没有说对地方，那么十之八九会被对方识破，这时你的赞扬不但得不到回应，而且可能会让对方产生不快的感觉。

如果一位领导在根本还不了解员工的情况下，就说一些诸如"年轻有为""前途无量""干得不错"之类的公式化赞语，是很难起到激励效果的。

每个人都希望得到他人的认可。赞扬应该能真正显示被赞扬者的价值，即人们希望你的赞赏是你经过深思熟虑的，而不是随便说说而已。

不根据事实去赞扬，真诚便无可寄托。言之有物的赞扬才能够真正打动对方的心。比如领导在夸某个员工很能干的时候，就不如说他某件事干得很漂亮更实在些。一般来说，工作出色的优秀员工听到的称赞很多，而领导如果仅仅泛泛地赞扬他的工作能力，就好比把一杯水倒进了大海中，是不会起到什么激励作用的。

赞扬他人具体的工作成就，要比笼统地赞扬他的能力更为有效。所以你在赞扬他人时一定要切合实际，根据事实去赞扬，这样既能达到沟通的目的，又不违背客观事实。如果你确实不了解情况，暂时无法实现思想的沟通，那么不如从具体事物入手，以达到沟通感情的目的。对员工，你可以谈谈自己对他的印象（好印象）。对员工交上来的报告，在没细读之前，你可以赞扬一下对方的字迹工整、美观。总之，赞扬内容要符合客观事实，这样才能起到良好的激励效果。

尼伦伯格定律：双赢才是圆满的结局

美国著名谈判学家尼伦伯格认为，一场圆满的、成功的谈判，每一方都应是胜利者。这就是尼伦伯格定律。

在谈判桌上，谈判双方通常都会竭尽全力维护自己的立场。例如，一位精明的卖主会把自己的产品功能讲得天花乱坠，以抬高产品的价格；而聪明的买主会鸡蛋里挑骨头，从不同的角度指出产品的不足之处，从而将价格至少压低到对方出价的一半。双方都会讲出无数条理由来支持自己的报价，导致谈判陷入僵局。如果谈判没有陷入僵局，那么通常是一方做出了一定的让步，或双方经过漫长的多个回合的讨价还价，各自都做出了让步，从而达成一个中间价。

这种谈判方式，是一种典型的“立场争辩式谈判”。立场争辩式谈判的特点是：谈判的每一方都在为自己的既定立场争辩，欲通过一系列的让步，最终达成协议。

必须正视的是，在商业活动中，如果大家都采取这样的谈判方式，往往就会使谈判陷入一种误区。人们从实践中得到的教训是：这种谈判方式有时会导致谈判双方不欢而散，甚至还会破坏双方今后的合作。

要想让谈判达到双赢的效果，那就要遵循一定的原则。第一，要知道人们在谈判中，不是为同样的东西而来的。不要认为对方想得到的东西就一定是你必须损失的东西。糟糕的谈判者会试图强迫对方改变立场，而高明的谈判者知道即使立场差别很大，双方的利益也可以是相同的，所以他们会通过行动让对方改变立场，关注双方共同的利益。第二，不要把谈判局限在一个问题上。第三，不要太过贪心，不要企图拿走谈判桌上的最后一分钱。第四，把一些东西放回谈判桌上，比如给一些额外的优惠。

亚佛斯德定律：要善于引导别人的需求

亚佛斯德定律是德国人类学家W.S.亚佛斯德提出来的，他认为，一个人在与人沟通时，若能引起他人急切的需求，并能引导这种需求，那么他就能无往不胜。

一位文质彬彬的先生带着他的宝贝儿子到商场买棒球衣。热情的营业小姐见他们来到柜台前，就笑着迎上去说："您是想买一套棒球衣吧？"

这位先生感到好生奇怪，他点了点头，问："你是怎么知道的？"

营业小姐笑着解释说："您一进来，就一直盯着我们体育专柜的棒球衣，而且你儿子手中还拿着棒球呢。"听营业小姐这么一说，先生和他的儿子都挺高兴，就挑选了一套球衣，并准备付款。

这时，营业小姐又补充说："这是和棒球衣配套的汗衫和长袜，您儿子穿上一定特别好看。"经营业小姐提示，先生觉得配成一套也还不错，于是就买下了。

随后，这位营业小姐又亲切地问先生的儿子："你有球鞋吗，小弟弟？"

其实这位先生本无买鞋的打算，所以就犹豫起来。此时营业小姐十分真诚地夸赞他的儿子是个英俊少年，穿上全新的球衣、球鞋，会显得更精神。

就这样，这位文质彬彬的先生，在自然、轻松的聊天中多买了原本不打算买的汗衫、长袜和球鞋。虽然他比原计划多花了钱，但心情很愉快，而营业小姐轻松地卖出了一连串商品，结果可谓皆大欢喜。

不得不承认，这位营业小姐的确是个口才高手。试想一下，如果她不开口，不肯多讲一句话，说不定这父子俩匆匆选套球衣就走了，或者因为没有中意的球衣就径直离开体育专柜。而营业小姐热情洋溢地问明顾客需要什么，又顺便介绍其他商品，并且询问小男孩还缺什么东西，在顾客完成原定购买计划后又给顾客增加了三项支出改成破折号汗衫——长袜和球鞋。

这位营业小姐在充分掌握了顾客心理的前提下，最大限度地挖掘并引导了他的潜在需求，既让顾客满意而归，又提高了自己的销售业绩。